说话的逻辑

谢涛 编著

中国纺织出版社有限公司

内 容 提 要

在这个时代中，我们要想成为一个受欢迎的人，首先就要学会说话，用独特的语言魅力来打动对方，获得对方的好感，从而建立起一份珍贵的友谊。然而，提高口才的第一步就是要训练自己说话的逻辑性，说话有逻辑，才能影响到他人的行为，增强自己的说服力，为自己赢得机遇、赢得信任。

本书从具体实例出发，内容涉及生活中的方方面面，介绍了如何修炼有说服力的逻辑语言，从而帮助我们掌握良好的逻辑沟通能力，并帮助我们运用逻辑引导他人的思维，最终实现完美沟通。

图书在版编目（CIP）数据

说话的逻辑／谢涛编著. -- 北京：中国纺织出版社有限公司，2024.6
ISBN 978-7-5229-1634-7

Ⅰ. ①说… Ⅱ. ①谢… Ⅲ. ①语言表达—通俗读物②逻辑学—通俗读物 Ⅳ. ①H0-49②B81-49

中国国家版本馆CIP数据核字（2024）第070399号

责任编辑：林 启　　责任校对：江思飞　　责任印制：储志伟

中国纺织出版社有限公司出版发行
地址：北京市朝阳区百子湾东里A407号楼　邮政编码：100124
销售电话：010—67004422　传真：010—87155801
http://www.c-textilep.com
中国纺织出版社天猫旗舰店
官方微博 http://weibo.com/2119887771
天津千鹤文化传播有限公司印刷　各地新华书店经销
2024年6月第1版第1次印刷
开本：880×1230　1/32　印张：7.25
字数：125千字　定价：49.80元

凡购本书，如有缺页、倒页、脱页，由本社图书营销中心调换

前 言

我们都知道，人类沟通最直接的媒介就是语言，生活中，我们也处处都要用到语言，而现代社会，竞争日益激烈，口才的重要性已经毋庸置疑，任何一个人，要在社会上立足，除了要拥有参与竞争、迎接挑战所必备的知识和技能之外，得体的说话技巧、优秀的口才无疑会助你占据一个有利于发展的制高点，成为你迈向成功和幸福的台阶。

卡耐基曾经说过："当今社会，一个人的成功，仅有一小部分取决于专业知识，而大部分取决于说话的艺术。"人们常常根据一个人讲话的水平来判断对方的修养、学识、气质。可以说，是否会说话一直是决定我们生活质量高低及事业优劣成败的重要因素。会说话者都有一种不可思议的力量，能缓解周围紧张的气氛，为人送上丝丝轻松，流利表达出自己的意图，把观念阐述得有条有理、一丝不乱，使别人心悦诚服地接受。

不过，会说话的一个重要标志就是说话富有逻辑，只有这样，说话时才会没有漏洞，才不至于成为别人的笑柄。然而，我们发现，一些人被人们批评"少根筋"，就是因为他们在说话的时候，总是不看情况胡指瞎说，有意无意中说出不符合逻辑的话，如在寿宴上顺便推销人寿保险；对新郎新娘说今天喜宴的菜好吃极啦，下回别忘了再请我，我一定捧场；朋友要出门，出于好意告诉对方注意安全，但却大谈今年发生了多少飞机失事的意外事故。这就是不会说话的表现，他们要么成为笑柄，要么伤害他人的情感，为交谈对方带来不快。

其实，生活中，不少人在说话的时候，都会犯这样的错误，这些粗心的人说话常常不经仔细思考，只顾自己把话说完，而忽略了"听者"闻后所想，结果无意中得罪了别人，却还不自知。

可见，口才的第一步就是要训练说话的逻辑性。事实上，生活中，无论是演讲、说话，还是辩论都需要有较强逻辑思维，只有这样，才有较强的组织语言的能力，说话没逻辑，也就不可能有一张悬河之口。

因此，在语言运用上，我们还要修炼自己的逻辑思维能力和语言表达能力，让自己的语言在清晰表达观点之外，还能易于他人接受。那么，这些应该如何修炼才能获得呢？这就是我们在本书中要阐述的内容。

本书围绕说话的逻辑展开，向我们展现了训练自己的逻辑思维能力和语言表达能力的重要性，让我们的语言更有说服力和感染力，生活中的你，可能希望成为职场上的常胜将军、谈判桌上的高手，营销上的金牌销售员等，那么，就认真阅读这本书吧，只要你真正掌握了逻辑说话术的重点，就能成为一个真正会说话的人！

编著者

2023年10月

目 录

第一章
玩转职场说话逻辑，
说话贴合人心才能工作顺利

指出领导不足，也要顾及领导面子　　　　002

汇报工作，要贴合领导心理需求　　　　　006

扬长避短，自我介绍有技巧可言　　　　　010

专注手头事，回避职场是非八卦　　　　　014

正面激励法，让下属更有干劲　　　　　　017

多提建议而不是意见，不要质疑领导的能力　021

第二章
幽默的逻辑：
幽默是一种高明的心理策略

巧用修辞法，增加幽默语言的效力　　　　026

以谬制谬，用幽默言辞反驳对方　　　　　030

自嘲是最高级的幽默　　　　　　　　　　034

风趣的语言，往往会"四两拨千斤"　　　037

正话反说，是一种颠倒黑白的幽默　　　　041

一语双关，幽默语言暗藏玄机　　　　　　045

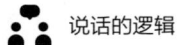 说话的逻辑

第三章
遵循谈话中的逻辑规律，
打动人心的表达必须有理可依

借题发挥，把错话说"圆"	050
以偏概全是语言大忌	054
说话要建立在事实基础上	058
主观臆断的语言，违反充足理由律	061
明确概念本义，能减少谈话中的误解	065
遵循排中律的逻辑，避免双双否定	069

第四章
巧言谢绝：
说话有情有义有逻辑才能不伤人心

拒绝他人，要给出一个有情有义的理由	074
顾左右而言他，是巧妙拒绝他人的心理策略	078
善用转折词，达到委婉拒绝对方的目的	081
灵活拒绝，获取对方的理解	085
用拖延法拒绝，减少负面影响的产生	089
巧妙心理暗示，让对方知趣"撤退"	093

第五章

掌握谈判中的逻辑技巧，让你在心理博弈中稳操胜券

物喻术，让你的表达更生动	098
隐指术，悄悄影响对方的思维	101
巧施转移术，助你打破谈判僵局	105
举事实例证，让语言更有说服力	109
故纵术，欲擒故纵更能诱"敌"深入	112
"返击法"，把问题重新"踢"给对方	116

第六章

求人办事，以逻辑为准绳让他人无法拒绝

求人前巧妙铺垫，用自然的方式说出请求	122
给对方戴高帽子，使其不好意思拒绝你	126
请将不如激将，引发对方胜负欲	130
求人办事，要舍得放下面子	134
互惠原则，以利益为导向让对方帮助你	137
求人要真诚大方，不必羞怯	140
"软磨硬泡法"，用诚意打动对方	144

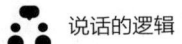 说话的逻辑

第七章
批评的逻辑：
批评时要顾及他人心理

鼓励代替批评，表达你对对方的期望	150
开点儿玩笑，让批评充满风趣	154
点到为止，使对方心领神会	158
忠言也能"顺耳"，委婉地说出批评	162
自相矛盾，让对方认识到自己的错误	166
反弹琵琶，是一种创新的批评方法	170

第八章
攻心为上：
劝服的话要符合逻辑才能说到对方心里

引导对方逐步认同，让说服手到擒来	176
善用数据，让你的话有据可依	180
以思维为核心，层层引导对方	184
和谐讨论更能劝服对方	188
巧妙"威胁"，增强说服力	192
摆出事实，让对方心服口服	197

目录

第九章

修炼逻辑口才，
让说话更贴合人心

巧用反证法，让谬误不攻自破	202
警惕惯性思维，避免想当然	206
提问和反问，能让听者了解我们的想法和情感	210
重逻辑推理思维，避免出现前后矛盾	214
将问题分解，详细阐述自己的观点	217
强盗逻辑是如何强词夺理的	220

第一章
玩转职场说话逻辑，说话贴合人心才能工作顺利

不可否认，同事间亲和融洽，上下一心是我们理想的工作环境。职场环境离不开与人沟通与交流，不少人甚至为此感到苦恼，不知道怎和同事、领导打交道。而我们如果懂得一些职场说话的逻辑技巧，懂得如何做一个忠诚的下属，一个面面俱到、成熟老练的司事，那就能成为一个职场交际高手，自然就能获得众人的接纳和支持，从而顺利推展工作。

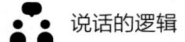 说话的逻辑

指出领导不足，也要顾及领导面子

在工作中，由于受到一些认识等方面的局限，即使是领导也未必能作出正确的决策，这些决策有些是不切实际的，有些对公司整体的利益发展毫无益处，有些甚至是完全错误的。因此，作为集体一员的我们，有责任也有义务对领导提出意见或建议，避免一些不正确决策的产生。但实际上，很多下属做了不少前期工作，花费了大量时间和精力，但在真正提出自己想法的时候却发现，领导并没有听进去，更别说采纳你的意见了。其实，这主要是方法和技巧的问题，相对于那些直言劝谏，委婉指出更奏效。

李俊是一家房地产公司的销售部主管。这几年，公司的营业额一直很好，于是，公司决定在东区开发一片新的住宅楼。对于这件事，销售部开了个会议，主要是关于新房建成后的销售问题。会议由公司总部副总经理主持，这位经理在会上下达了一个硬性指标，要求从楼盘发售起，第一季度要比现在的销售业绩增长30%。可是，身处销售一线的李俊认为这样的决策实在不合实际，他很了解现在公司销售部的情况，目前有经验

第一章
玩转职场说话逻辑，说话贴合人心才能工作顺利

的销售人手不足，老员工有的辞职，有的退休，刚来的几个完全还是生手，还需要较长时间的培养。想到这儿，李俊觉得应该给经理提点儿建议，让经理再考虑一下，要不然等到指标公布后再想修改就困难了。

但李俊听说这个经理脾气很硬，决定的事情从不改变。李俊意识到不能和他硬碰硬，还是迂回点儿。于是，李俊并没有急着在会上就提出来。散会后，他写了一份可行性报告，虽然心里有点儿紧张，但是他还是壮着胆子敲开了经理的门。在听到了经理的一句"进来！"后，李俊轻轻地推开了门，递上了自己的报告说："张总，打扰您了，这是一份销售报告，麻烦您批示一下。"

经理接过来一看，开始准备说什么，又没说，接着看下去，才发现，原来自己的决策有错误，自己预期的目标根本不可能达成，而且，按照这样的目标去为公司规划其他项目，还可能造成无法挽回的损失。一想到这儿，经理对李俊充满了感激之情，并督促他要加紧新手的培养。第二天，张总又开了个会议，对自己的错误评估进行了探讨，他在会上说："要不是李俊的提醒，恐怕我已经犯下了无法挽回的错误。公司会采纳他的意见，并加大在人力资源方面的投资。"从那以后，整个公司不论哪个部门的领导都对李俊刮目相看。

李俊的聪明之处就是摸清楚了领导的脾气，没有当着众人

的面直接提出反对意见，而是迂回提醒，通过一份可行性报告来证明自己的观点，这样领导更容易接受。

向领导提意见，共同致力于团队的发展，是作为下属的义务，但要掌握一定的技巧，否则就可能事与愿违。那么，我们在提出意见的时候应该掌握哪些技巧呢？

1. 要有良好的态度

始终不要忘记，和你说话的是你的领导而不是下属，因此态度要尊重更要诚恳，言语不可过多或过少，更不要因为得理而得意洋洋，不把领导放在眼里，那样，即使领导认可你的意见也不会采纳；而相反，语言谦恭，即使对方不完全赞同你的观点，也不会影响到他对你的评价。

2. 要先肯定领导的想法

很多领导不愿意接受下属的意见，是因为他觉得一旦接受，就意味着自己的能力不如下属。所以在了解领导的这一心理后，我们在提出意见前，一定要先肯定领导观点中正确的部分，这样，他接受起来也就容易多了。

3. 表明自己的立场

你要让领导明白，你给他提意见只是为了公司的发展，而不是为了证明自己的能力，这样，领导才会心平气和地采纳你的意见。

4. 建议要有可行性

就像案例中的李俊一样，他提出的意见就是具有可行性

第一章
玩转职场说话逻辑，说话贴合人心才能工作顺利

的，造成任务不能完成的主要原因还是人手不够。因此，我们在对领导提意见的时候，不要只说"不行"，而是要提出"怎么做"。为领导提出更好的解决方案，会使他放弃自己原有的想法。

💬 **逻辑口才**

　　并不是所有领导都愿意听下属的直言，过于直接的反对会让他感觉自己的威严受到了威胁和质疑，所以，我们在指出领导的不足时，一定要态度委婉，掌握方法和技巧。

说话的逻辑

汇报工作，要贴合领导心理需求

人际沟通是一门学问。一个人来到企业，很重要的一件事情就是要学会与人沟通，不仅要与同事沟通，更要与领导沟通。而每个领导都不希望下属跳出自己的视线之外，都希望能掌握下属的工作情况。下属免不了要和领导在工作上有往来，我们要想赢得上司的信任，就必须学会主动汇报工作，给上司吃一颗定心丸。

小何毕业后就在一家外贸公司工作，如今的她已经是这家公司的部门经理了，她之所以升职如此快，是因为她一直很懂得与领导沟通工作。而由于最近事情多、工作忙，她就忘记了向领导汇报工作。

有一天，她在开会时批评下属说："你们现在好像一天都很忙啊，很久都不汇报工作了。"可是，她在会后听见员工们说："何总光会说我们，她自己好像也有十天半个月没有去总经理办公室了吧。"这话提醒了小何，她意识到这段时间工作是很忙，但是也没有忙到没有时间去向上司汇报工作情况的程度，怪不得总经理这些天好像对自己有些意见似的。如果每

第一章
玩转职场说话逻辑，说话贴合人心才能工作顺利

天，甚至每两天抽出一个小时的时间走进上司的办公室，向他汇报自己的工作，可能就不会是这样的情况了。

想到这里，小何立即安排秘书为自己做详细的工作记录。第二天，她走进上司的办公室，对上司说："总经理，这是我近来的工作进度，请您审查。"上司对她露出微笑，夸奖道："有进步哇！"小何也报以微笑。

从案例中我们发现，在与领导沟通时，主动的态度十分重要。主动汇报工作，与领导及时交流，不仅能及时更正自己错误或不当的工作方法，还能让领导放心。

然而，很多下属往往由于周围人际环境的压力，唯恐领导责备自己，害怕见到领导，也不主动上报工作，因此失去了展示才华的机会，更重要的是失去了上司的信任。

可见，向领导汇报工作一定要有的放矢，对于不同的领导，汇报的详尽程度是不同的：对那些只重结果的上司，只强调工作成果，切忌喋喋不休地详述过程；而对那些注重过程细节的领导，你则最好事无巨细地报告清楚，这样就能精准得分。

那么，在向领导汇报工作的时候，该注意些什么呢？

（1）说话要有重点

给领导汇报工作时，有时是一件事，有时是两件事甚至几件事，但每件事都应考虑周全，突出重点，千万不可眉毛胡子

一把抓，重复表达，啰唆冗长。汇报应力求做到重点突出，这样既节约了领导的时间，又体现了自己对工作的熟悉程度、对问题的把握能力、语言表达能力，同时也提高了工作效率。

领导的时间是有限的，许多你能力范围内可以处理的常规的、程序既定的工作，处理了就处理了。事无巨细，统统汇报，也有邀功之嫌。比如，一个负责行政的工作人员，对完成的车辆派用等工作汇报也没多少价值，对一些与通常情况下不一样的处理倒是有必要汇报一下的。

（2）条理要清晰

给领导汇报前不妨先打好腹稿或是文字汇报稿，分条分点，言简意赅，层次分明，用最精练的语言，准确表达自己的汇报意图。

（3）把握领导倾向性意见

有时一件事只有一种解决办法，有时有多种。因此，汇报前要考虑领导倾向哪一种方法，就把哪种方法放在前面先说，然后把其他建议也一并给领导汇报，供领导决策参考。

（4）多提解决的方法

汇报工作最重要的是提出解决问题的方案，而不是简单地提出问题。要记住，汇报问题的实质是求得领导对你方案的批准，而不是问你的上司如何解决这个问题，否则事事都要上司拿主意，要下属还有什么意义呢。另外，我们去找领导汇报工作时，要预备多套方案，并将每种方案的利弊了然于胸，必

第一章 玩转职场说话逻辑，说话贴合人心才能工作顺利

要时向领导阐述明白，并提出自己的主张，然后争取领导的肯定，这是汇报的最标准版本。假如你进行的总是这样的汇报，相信你离获得进步和提升已经不远了。

💬 **逻辑口才**

　　任何一个职场人士，都应该学会考虑领导的心思，主动向上司汇报工作，并掌握一定的汇报技巧，以此获得上司的信任。

说话的逻辑

扬长避短，自我介绍有技巧可言

每个人离开校园后都要进入职场工作，而进入职场的第一步就是参加面试。对于如何介绍自己这一点，我们都知道，说话必须诚实，否则，一旦被识破，就会立即失去机会。有一些人认为，只要告诉考官你所有的优势，丝毫不提及缺点，考官自然就不会对你产生负面印象。然而，这种说话方式也是不正确的，因为任何考官对不能客观评价自己的人都会产生不信任的心理。

要知道，人无完人，每个人都有优势和劣势。在面试的时候，你只有学会扬长避短地说话，才能让考官在接受你缺点的同时，更欣赏你的优势。

林建是一名刚毕业的大学生。在面试中，他被问道："你在本科阶段为什么学习成绩平平，是否也赞同'及格万岁'？"

面对如此棘手的问题，林建不紧不慢地回答："我自小父母双亡，只有爷爷姐姐与我相依为伴。在党和政府以及众多热心善良人的帮助下，我才能够长大成人。考上大学后，为了不再给所有关心我的人添麻烦，我坚持着各种社会实践，用自己

第一章
玩转职场说话逻辑，说话贴合人心才能工作顺利

的双手帮助自己完成学业。成绩不好是我本科生活中的最大遗憾，但我想，只要在今后依旧不断学习，我相信我的知识和能力一定不会比成绩好的人差。"

案例中，林建回答考官问题的方法就是扬长避短，对于本科阶段学习成绩不佳这一点，他供认不讳，他是诚实的，最难能可贵的是他未给自己找借口，而是认为如果自己有更多的时间，一定会变得更加优秀。另外，他也并不是以自己的经历来博得考官的同情，真正感动考官的是他身处逆境却不气馁，依旧顽强奋斗的精神。他的自强不息、他的自信，从他真诚的话语中坦然地流露了出来。

一些人可能会问，该怎样扬长避短地说话呢？对此，我们可以从两个大方面做出努力：

（1）扬长

比如，面试官问你："你觉得你能胜任这个程序员的工作吗？"你可以回答："我觉得没有问题，因为我真的很喜欢这个工作，并且到现在也一直还在学习，从而能够与时俱进。很多软件、程序在不停地更新，只有不断学习才能做到最好。"这时，面试官一般都会点头赞许。因为面试官都希望能给企业招到那些喜欢学习、不断给自己充电的员工。

（2）避短

一般来讲，对应聘有利的优点有：注重学习、办事认真、

容易相处、敢拼敢闯、不轻易认输、热爱工作等。了解考官的偏好，回答就容易多了，关键看你如何将下述这些缺点逐一分解为优点：

①性子急就是工作有责任心，你可以说：

"我打心眼儿里不喜欢做事拖延，总想尽快完成工作。"

"工作要是干不好，我就会把这件事牢记在心上。"

"遇到干活投机取巧的人，我常常会和对方深入沟通交流。"

这样说，表面上是指出了自己性子急，其实是在说自己雷厉风行、工作有责任心。而几乎所有的企业与单位都希望招到这样的员工。

②"固执"也是"有主见"，"主观"也是"有魄力"，你可以说：

"我的观点有时会跟别人不太一样，这种情况下，我一般会用大量实例证明自己的观点。"

"一般来说，我要是有了自己的观点后，别人只有拿出令人信服的证据和事实才能说服我。"

要知道，"固执"是"有主见"的代名词，"主观武断"亦是"果敢有魄力"的变相表达。有这些特点的求职者，会让考官产生一种欣赏的心理。

③"粗线条"就是能"掌控全局"，不拘小节也能推动工作。你可以说：

第一章
玩转职场说话逻辑，说话贴合人心才能工作顺利

"我做事大方向一般不会出错，最多是在细节上有点儿丢三落四，处理不好琐碎的事。"

人都是有缺点的，考官也明白这个道理，而大方向不错，基本上可以算优秀，如果再吹毛求疵，未免有些太苛刻。这实际上是在暗示考官自己有很大的发展潜力。

这样既回答了面试官的提问，又间接说明了自己现在已经改正了这些缺点，粗心大意已成为过去式了。

总之，在面试的时候，我们说话要懂得扬长避短，尽量弱化缺点，强化优点，这样，会让考官从心里欣赏你。

逻辑口才

自我介绍既是打动面试考官的敲门砖，也是推销自己的极好机会，一定要好好把握。扬长避短会让考官觉得你虽然有某些缺点，但你的优点完全可以淡化你的缺点。当考官对你的优势产生欣赏之情后，自然会对你留下良好的印象。

说话的逻辑

专注手头事，回避职场是非八卦

　　社会通常分工严密，避免不了与同事、领导打交道，每时每刻都要与人交流。然而，职场中人多嘴杂，自然也有一些人，对于他人的隐私和八卦过于好奇。无论知道与否，你都不要参与其中，如果对方直接挑明了找你问，你可以微笑，岔开话题或者忙碌搪塞过去，总之，要避免卷入这些是非之中。

　　然而，总是有这样一些同事，就是在闲暇的时候喜欢议论他人，一句无心的话可能被别人"翻译"得面目全非，然后传到被说者的耳中，就会影响彼此间的关系。可见，"静坐常思己过，闲谈莫论人非"这句古人处世格言依然适用于现代职场。我们无法控制别人去传播"是非"，最好的办法就看好自己，从源头停止"是非"的传播，让自己的耳朵不去听"是非"，这样就会远离了"是非"小人了。我们来看看下面这个故事：

　　很久以前，在一个小村子里有户姓王的人家，家里人口不多，王老汉只有两个女儿，都已经出嫁，只剩下他和老伴儿。可是，家里没有水井，吃水很不方便，常常要跑到老远的地方

第一章
玩转职场说话逻辑，说话贴合人心才能工作顺利

去打水，家里甚至需要有一个人专门负责挑水的工作。然而，时光荏苒，王老汉年事已高，越来越感到体力不支，他请人在家中打了一口井，这样便省了很大力气。

他非常高兴有了一口井，逢人便说："这下可好了，我家打了一口井，等于添了一个人。"有人听了就添油加醋："王家从打的那口井里挖出个人来。"

这话越传越远，全国都知道了，后来传到宋王的耳中，宋王觉得不可思议，就派人来王家询问。王家的人诧异地说："这是哪儿的话，我们是说挖了一口井，省了一个人的劳动，就像是添了一个人，从来没有说打井挖出一个人来。"

王老汉只不过感叹了一句"等于添了一个人"，经村民乃至全国的人添油加醋，却变成"王老汉从打的那口井里挖出个人来"，上演了一场闹剧。

同样，身处职场中，想要与领导、同事和谐相处，首先就要尽量回避流言蜚语，避免参与其中。如果确实听到了什么，也要让流言止于自己，而不要去做流言飞语的传播者。这样，你可能会获得更多人的信任，包括领导的信任。

那么，当周围的人议论他人时，我们该如何做呢？

（1）看清说话对象，要谨言慎行

与人相处，要把握好尺度，即使是关系非常要好的同事或朋友，相互发一些有关他人的牢骚，也是不明智的行为。

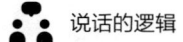 说话的逻辑

而实际上，可能现在你倾诉的对象，与你口中所抱怨的对象关系亲密，你在他面前抱怨他的友人，岂不是自投罗网。生活中，也有一些人，他们自私自利，专门搜集这些小道消息，然后借以请功邀赏，以达到个人的目的。对付这种人的办法唯有装聋作哑，不让他抓住把柄。总之，无论你是有意还是无意，在他人背后议论都容易惹是生非，还是不随便议论为上策。

（2）转移注意力，减少好奇心

你可能对他人讨论的一些是非传闻很好奇，但切记，要想减少得罪人的机会，就必须管好自己的嘴巴，谨言慎行，不要传播那些是非八卦，这是远离是非的最好办法。通常情况下，那些是非传闻并不完全符合现实，甚至是完全背离的。我们可以采用转移注意力的方法，当周围人在议论八卦新闻的时候，你可以把注意力转移到其他事情上，比如，看书、看报或者工作、学习等，久而久之，就不会对那些是非传闻过于好奇了。

💬 逻辑口才

　　身处职场，当我们能做到"不论人非"的时候，更要懂得"静坐常思己过"，这是一种自我反省的能力。而对于办公室的流言蜚语，我们不要参加，也坚决不做传播者。

第一章
玩转职场说话逻辑，说话贴合人心才能工作顺利

正面激励法，让下属更有干劲

现实生活中，人们都渴望被信任、赞赏、肯定，在这样的环境中，人们的内心也更容易受到启发，行为也会趋向于正面、积极的方面。有人说："能力会在批评中萎缩，而在赞扬、鼓励等正面激励中发芽、生长、茁壮。"事实就是如此。人与人之间的影响，就是靠着这样的法则不断推进的。所以在工作中，领导如果懂得肯定、激励员工，就会更易于让员工产生积极的工作情绪和状态，也有利于让员工服从于管理。例如，你如果希望你的员工更好地执行自己的工作，那么，工作中就不要批评、斥责他，而要多鼓励他。身为经理的吴女士，就是一个善于通过正面激励有效影响他人的人。以下是她的助手对她的评价：

"吴经理真的是个很好的人，我是她的助手，已经在她的手下工作两年了，我在这期间成长了很多，也有一定的工作成绩，但日常工作中难免会出现错误或者不足的地方。但每次我做错事或者工作中出现了失误，吴经理从来不会正面批评我。如果我完不成工作任务，她一般会委婉地对我说：'我知道，

说话的逻辑

这件事你已经尽力了,不用灰心,我相信明天你会完成的。'每次听到吴经理对我的鼓励,我都信心倍增,即使再累,我也会完成工作任务。有时候,如果我在工作中有突出表现,她也会主动地向我竖起大拇指,并表扬我这次做得好。在这样的领导的带领下工作,我充满了干劲。"

我们从一个下属口中听到了她对领导的正面评价,可以说,案例中的吴经理是个成功的领导。她正是巧妙地利用了正面激励法,才充分调动了助手的积极性,进而有效地提高下属的工作效率。

尽管很多领导者也能认识到正面激励产生的积极力量,却很少有人能真正将其运用到管理工作中,更很少有人懂得如何肯定和激励员工。

安德鲁·卡耐基说:"凡事自己单干或独揽全部功劳的人,是当不了杰出领导人的。"安德鲁·卡耐基的话进一步向人们发出了这样的警示——如果不会激励对方,你便不能领导对方;当你不能领导对方的时候,你便不能有效地影响对方,又何谈他人帮助自己呢?

肯定是一门艺术,领导者适时、适度地肯定下属的行为,是对下属的一种尊重,既有利于下属扬长避短,也能有效地调动下属工作的积极性和创造性。当然,肯定也不能无原则地赞扬。那么,领导者如何肯定下属呢?具体要做到以下几点:

第一章
玩转职场说话逻辑，说话贴合人心才能工作顺利

（1）肯定要切实有据

对下属的肯定要是实在的，任何虚无的东西都是无意义的。对此，你需要深入了解员工的工作和生活，并及时了解他们的思想动态，这样才能言之有物。

（2）肯定要有度

领导者对下属的肯定要适度，不可过高也不可过低。赞誉过高，极易让下属产生骄傲的心态，产生飘飘然的感觉，这是不利于他们看到自身缺点和需改进之处的。此外，还会让下属觉得你爱说大话，从而对你产生不信任感；反之，如果对下属的肯定不足，则会直接打击下属的工作积极性。因此，肯定下属必须把握好度。

（3）肯定中要讲不足

金无足赤，人无完人。下属在工作中难免会出现一些失误或不足。因此，领导者在对下属进行肯定的同时，还应及时指出其失误和不足。否则，即使还存在需要改进的地方，他也会因为缺少自我意识而失去改进的机会。

（4）肯定要符合氛围

当领导者在检查下属的工作时，所使用的语言应根据下属所取得成绩的大小以及对下属的了解程度的不同而定。若你的下属表现出了高尚的品质，你要给予充分的肯定；当领导者与下属进行一些短时间的接触时，则应简明扼要地对其突出的表现或成绩给予肯定。

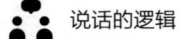 说话的逻辑

总之,肯定应当适时、适地、适度,应根据当时的时间、地点及所处的环境有选择地进行肯定,绝不可说东道西,胡乱肯定一通。

逻辑口才

领导者如果想有效地影响员工,就必须学会激励,用正面肯定的方法将员工心底里的积极性、主动性充分地调动出来。

第一章
玩转职场说话逻辑，说话贴合人心才能工作顺利

多提建议而不是意见，不要质疑领导的能力

  人非圣贤，孰能无过，领导也是人，同样会犯错误，工作中也会出现失误，对此，不少人便对领导产生意见。其实，这种做法是错误的。无论领导的决策正确与否，其结果已经产生，你要做的是帮助领导找到解决的办法，也就是提出建议，为领导分忧，会在心理上拉近你与领导之间的距离。而一味地对领导提出质疑，把问题交给领导自己解决，无疑是给领导添麻烦，领导会不自觉地疏远你，这会影响我们工作的方方面面。

  李铭是一家投资公司的小职员，这家公司虽然小，但很有实力。然而，它也未能抵挡住金融风暴的袭击，转眼间，公司遇到了生存问题。

  大家知道这一消息后，都乱作一团，老总召开紧急会议，询问大家有什么解决问题的办法。所谓养兵千日，用兵一时，老总这时候真是很渴望有谁能献出妙计救公司一命。大家也七嘴八舌地说了起来，可是这些话无非是公司领导的决策出了问题，怎么不早发现之类的牢骚之语，老总的耳朵里充斥的只是一些关于责任的推诿，没有一句是切实可行的建议。这时，李

铭站起来说:"此时,我们说再多也没有用,不如商量一下解救的办法,我对这方面作过一些浅薄的分析……"于是,李铭根据市场状况提出了几点出人意料的方法,老总听后直点头,赞叹道:"我以前怎么没发现公司有这样的人才?"

就这样,在李铭的建议下,公司走出了困境,而他在公司的地位、在老总心中的地位也顺其自然地上升了很多。

李铭是冷静的,当大家都手忙脚乱、不知所措、只会找问题和推卸责任的时候,他想出的却是切实可行的解决办法。他与别人不同的是,别人提意见他提建议,帮公司渡过了难关,据此,他才赢得了公司同事和领导的认可。

其实,我们在工作中经常会面临这样那样的问题,有些问题我们自身无法解决,对此,很多人采取的是推卸责任,给领导提意见。比如,很多人抱怨自己业绩不佳,是因为上司没有远见;因为上司不肯授权;因为任务分配不合理;因为资源配备不合理;因为上司之间相互拉帮结派,使得自己无所适从。其实,这是一种错误的做法。对于已经发生的问题,领导需要的是建议而不是意见,作为下属,如果只知道把责任推给领导,而不能帮助领导解决问题,也就失去了作为一个下属存在的本来意义。在关键时刻帮领导排忧解难,往往能取得领导更加深刻的信任和支持。

事实上,任何一个市场化运营的公司,都不是要雇佣一

第一章
玩转职场说话逻辑，说话贴合人心才能工作顺利

个经济学家或者评论家，领导的首要目的是雇一个"能解决问题"的人。而同时，喋喋不休的抱怨只会起到反作用。

不能否认，一些领导会从"倾听意见"中寻觅到问题的解决之道，可在大多数的团队里，日复一日、层层复加的意见只会干扰士气、破坏协同、降低绩效。

事实上，我们也能感受到，我们周围的每一个人包括我们自己，主观上都不愿意在一些只提意见而不提建议的抱怨声中成长。当所有的问题都披着这种消极情绪的外衣时，就平添了解决难度。

因此，我们不妨把意见改成建议，考虑全局，努力寻找解决之道。企业不是科研机构，解决问题和发现问题同样重要。但我们还要注意，在给出建议的同时，一定要尊重领导，虽然你在此事上技高一筹，但并不代表你可以凌驾于领导之上。首先应分辨清楚领导是否喜欢听你的观点，这一判断很重要，因为提建议和劝告时，可能自己觉得不错，却并不一定受领导欢迎。有时，你提出了出色的意见，但因态度过分得意，领导还会刻意杀杀你的锐气。

💬 逻辑口才

现代职场竞争激烈，不少人备感压力，但其实，我们与其在"意见"声中碌碌无为，不如矫正心态，多解决实事，从而获得领导的信任，为你的职业路加上筹码。

第二章

幽默的逻辑：
幽默是一种高明的心理策略

生活中，没有人会拒绝快乐，也不会拒绝那些善于制造快乐的人。人人都喜欢幽默的人，学会幽默，则离在社交中如鱼得水就不远了。的确，幽默在社交中的力量是不可估量的，它是调节气氛的润滑剂，是受人欢迎的秘密武器，幽默可以让对方快乐，也可以传达出自己积极的人生态度。一个谈吐幽默的人能够在交际场合中游刃有余，更能提高自己的魅力，获得更高的人气，无论走到哪里，都能受到别人的欢迎。

 说话的逻辑

巧用修辞法，增加幽默语言的效力

我们都知道，幽默是运用意味深长的诙谐语言抒发情感、传递信息，以引起听众的快慰和兴趣，从而启迪听众的一种艺术手法。幽默的意义在于有趣可笑且又意味深长。幽默是思想、学识、品质、智慧和机敏在语言中综合运用的成果。语言的幽默与词语修辞手法的运用密切相关，语言成了形式，修辞手法成为载体，从夸张、比喻、反语等修辞手法的运用中，能传达各种意味深长的幽默。因此，巧妙借用修辞手法会使你的幽默更加形象、生动，更容易为人们所理解接受。

巧用修辞法就是指利用比喻、类比、拟人、借代、双关、歇后语、飞白等修辞手法表达幽默，从而增加语言的效力，达到事半功倍的语言效果。

玛丽女士是一家大型化妆品公司的总裁，虽然这家公司成立的时间不长，但发展迅速。每每提到自己的成绩，玛丽女士都很感激自己的两个助手：琳达和文森。的确，他们为公司的发展立下了汗马功劳。因此，玛丽女士很信任他们，并把他们当成自己的"左右手"。不过，相比之下，玛丽更

器重文森,他比琳达更聪明,思维更活跃。只是年轻好胜的他很爱闯祸,虽然目前还没有出现过麻烦缠身影响工作的情况。

文森有个好朋友霍华德。霍华德是当地著名的律师,他在法律界可谓战无不胜,而且办事效率很高,被称为"快枪霍华德"。他有着超乎常人的才能,唯一的缺点是外表不尽人意。

一次,玛丽女士举办了一个大型宴会,宴会前,她告诉文森可以带上自己的好朋友们。文森当即就想到了自己的铁哥们"快枪霍华德"。

宴会上,霍华德问文森哪个是玛丽女士,文森指给了霍华德。不一会儿,霍华德手里拿着酒杯走到了玛丽对面,对她问好:"亲爱的玛丽女士,您好"。玛丽看见来者先是一怔,她身旁的朋友也觉得来者的相貌很影响气氛,玛丽随即问了一句:"你是谁?"这句话加重了这种紧张的氛围。

正在人们疑惑的时候,霍华德说道:"您好,我是您左手握着的那把快枪。"玛丽恍然大悟,感觉很失敬,连忙微笑着与霍华德握手,周围的人也都笑了起来,同时对这名素未谋面的著名律师赞许有加。

在特定的环境下引用别人的话语、格言,可以达到幽默的效果。这里,霍华德使用的便是"引用"这一修辞。

总之,妙借修辞可以为你的幽默锦上添花,所以人们常

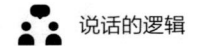

用此法来制造幽默。

那么，除了引用这一修辞之外，还有哪些修辞手法可以帮助我们达成幽默的效果呢？

（1）反语法

反语，也就是正话反说或者反话正说，本身要表达某一含义，却说出与之完全相反的话。

（2）对比法

生活中，我们发现内容与形式或者开始与结果上会存在某些强烈的不协调、不对称，于是形成了不和谐的对比。这种强烈的反差必然产生幽默的效果。

（3）倒置法

倒置就是把原本正常的事物之间的联系或者关系颠倒过来，以产生幽默的效果。倒置的表现形式是多样的，在一定的情景下有角色的倒置、事理的倒置、语言的倒置等。

（4）夸张法

这里主要是指语言上的夸张，也就是修辞学上常说的"夸张"修辞。夸张辞格的最大特点是"言过其实"。要注意的是，夸张辞格不管夸张到什么程度，都要在本质上符合事实，或者具备这样的品质与本领，本质上符合事实，表述上言过其实。这两点涵盖了夸张这一修辞的真正含义。

逻辑口才

采用修辞能将抽象难懂的问题具体化,使深奥的语言变得浅显易懂,同时还能给枯燥干瘪的语言润色,使表达变得更加丰满,还能让人们产生联想。

说话的逻辑

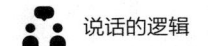

以谬制谬，用幽默言辞反驳对方

日常交际中，面对他人的谬论，如果我们总是一本正经地摆事实、讲道理，多费口舌不说，倘若碰到蛮不讲理的人，他还有可能胡搅蛮缠、大讲歪理。因此，一种可取的方法是，我们不妨先"默认"对方的谬论，然后以此为前提，用同样荒谬的言论予以反击。这样既能反驳对方的观点，又能产生幽默的效果，让对方心甘情愿地接受，这种方法就是以谬制谬的幽默言辞。

从前有个吝啬的地主，雇了三个小孩当长工。一年冬天，大雪纷飞，滴水成冰，孩子们要求地主给点儿柴火，好能生火烧炕来取暖。

但是，狠心的地主却说："怕什么冷？俗话说，小孩屁股三把火，要烧什么炕？"硬是让孩子们睡凉炕。

有一天，地主家来了客人，地主便吩咐小长工去烧开水，可是等了老半天，还不见开水烧出来。地主急忙到厨房一看，只见地上放着一壶凉水，三个小长工屁股对着水壶，正坐着聊天！地主看了勃然大怒，大声喝道："你们在搞什么名堂？"

"烧开水呢！"

地主听完，更是火冒三丈："你们连火都不点，这样怎么烧开水？"

其中一个小长工不慌不忙地答道："老爷，您不是说过吗？小孩屁股三把火，我们三人共有九把火，怎么会烧不开呢？"地主又气又恼，想发作却又无话可说。

小长工在这里巧妙地引用了地主曾说过的话，并机智地把地主驳得又气又恼，但又无可奈何。

一个小男孩去面包店买了一个两便士的面包，发现面包比平时要小很多，于是对老板说："你不觉得这面包比平时要小吗？"

"哦！那不要紧，这样你拿起来就方便了。"显然，老板在诡辩。

对此，小男孩没有争辩，只给老板一个便士就走出了面包店。

老板赶紧大声喊他："喂！你没有给足钱哪！"

"哦，不要紧，"男孩不慌不忙地回答，"这样你数起来就方便多了。"

说话的逻辑

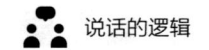

针对面包店老板的荒谬言论，小男孩进行了有力反驳，以其人之道还治其人之身。他先假设对方的观点是合理的，再将对方貌似合理的论点加以引申，推向极端，以显露其不合理的本质，从而驳倒对方的观点。这样的反击真是大快人心。

"以谬制谬、以毒攻毒"，在言语论辩中用对方的荒谬逻辑推出更为荒谬的事物来反驳对方，可令对方哑口无言。对方搬石头砸自己的脚，观点不攻自破。

洞察对方的荒谬论点，要看其论点是否真实，其论据是否能支持论点，推理过程是否符合逻辑。如果无法支持论点，就可以把对方的荒谬论点夸大，使其暴露得更为明显，以达到反驳的目的。

因此，在使用这一幽默技巧的时候，还需要注意几点：

（1）洞察出对方的谬论

也就是说，我们首先要听出对方话中的含义，这一含义无论是话里还是话外。我们如果过于"糊涂"，就只能被人"玩弄于股掌之中"而"毫无招架之力"。

（2）找到对方谬论的"漏洞"

以第一则故事为例，地主谬论的漏洞就在于"小孩屁股三把火"，这一漏洞也就是我们反驳对方的立足点。

只要能从对方的话语里寻找到破绽，用诙谐幽默的语言回击，就能达到更显著的表达效果。

> **逻辑口才**
>
> 　　用以谬制谬的方法来反驳他人,既能迂回地达到自己的目的,又能制造幽默的氛围,让对方更快地意识到自己的错误。

说话的逻辑

自嘲是最高级的幽默

在你身边,什么样的人最受欢迎?很多人的答案都会是有幽默感的人。因为有幽默感,他们更善于与其他人沟通,即便表达反对意见,也不让人反感;因为有幽默感,他们总会成为聚会的主角,人人都愿意和他们聊上几句……而最受欢迎的幽默方式是什么?答案一定是自嘲。它不仅是一种生活的艺术,还是一种自我开导、自我帮助,也是对人生挫折和逆境一种积极、乐观的态度。自我解嘲并不是人们所说的逆来顺受、不思进取,而是一种随遇而安的心态,对于那种可望而不可即的目标做出调整,然后设计出符合当下自己的新目标。

在一个宴会上,服务员倒酒的时候,不小心将酒倒在了一位顾客的秃头上,很多人惊呆了,请客的主人感觉到自己丢了面子,怒气冲冲地要把老板叫来赔罪,而服务员更是吓得面如土色,手足无措。然而,这位客人并没有丝毫的愤怒,用毛巾擦了一下湿漉漉的脑袋,笑吟吟地对服务员说:"美女,你认为这种方法对治疗秃顶会有效吗?"在场的人听了都不禁笑了起来，尴尬的局面也被打破了，那位服务员更是感动得不知道说什么才好。

这位客人用自嘲的方式，既展示了自己宽广的胸怀，又维护了自我尊严，同时还给那位粗心的服务员提供了一个台阶，算得上是一举三得了。

人们要想做到自我解嘲，就要保持一颗平常心，这一点是最重要的。平常心就是不被名利所累，不为世俗所牵绊，不以物喜，不以己悲，这不是很容易就能做到的。只有树立了正确的人生观、价值观，对名利地位、物质待遇等采取超然物外的态度，才能心怀坦荡，乐观豁达，才谈得上自我解嘲，精神上才可以轻松起来，自己才可以更加潇洒和充实。

具体来说，我们在自嘲时，可以从这些方面入手：

（1）笑自己的长相

笑自己的长相会使我们给人一种和蔼可亲的感觉。你如果碰巧长得英俊或美丽，那就无须强行谈论外貌，可以试试你的其他缺点。

（2）笑自己的缺点

有时，你陷入难堪是由于自身的原因，如自身的缺点、言行的失误等。自信的人能较好地维护自尊，而自卑的人往往陷入难堪。对影响自身形象的种种不足之处大胆巧妙地加以

说话的逻辑

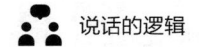

自嘲,能展示你的自信,在迅速摆脱窘境的同时显示你潇洒不羁的交际魅力。可能你会认为,嘲笑自己的缺点和错误,是幽默的最高境界。然而,伴随这种嘲笑的情绪是不同的。我们如果尖刻地嘲笑自己,他人会觉得我们确实应该受到惩罚,我们只会感到难堪。但我们如果内心充满了爱地来嘲笑自己,就能达到某种温和的开解。因为我们自认失误,但不顾影自怜。

逻辑口才

在社交场合中,自嘲是不可多得的灵丹妙药,别的方法不灵时,不妨拿自己"开涮"。智者的金科玉律便是:不论你想笑别人怎样,先笑你自己。

风趣的语言，往往会"四两拨千斤"

在现代社会，幽默是一种十分重要的交际手段。在一些严肃的气氛或尴尬的场景之中，风趣的语言往往会产生"四两拨千斤"的效果，让人们紧张疲惫的心情得到放松。

恩格斯曾经说过："幽默是具有智慧、教养和道德优越感的表现。"幽默的语言能够让社交的气氛变得轻松和融洽，是最有趣、最有感染力的语言表达艺术。因此，在社交场合之中，我们应该具有幽默的气质，来增添个人的魅力，取得良好的交际效果。

然而，幽默与滑稽、讽刺不同。滑稽是在嘲笑中揭露事物的自相矛盾之处，以达到批评的目的；讽刺则是用比喻、夸张的手法对不良或愚蠢的行为进行揭露、批评或嘲笑；而幽默与两者既有联系，又有区别。在日常的工作和生活之中，尤其是在我们写作或发表评价时，幽默也是屡见不鲜。然而，对于如何运用幽默艺术达到我们所希望的语言效果，却并非我们想象中的那么容易。

总的来说，一个幽默高手在说话时往往"三言两语"就能达到"语出惊人"的效果，这也是幽默的精髓所在——凝练。

说话的逻辑

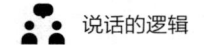

有一个刚刚大学毕业的小伙子入职了一家大型民营企业，在较短的时间内，他熟练掌握了各种工作流程，取得了可喜的工作成绩。老板对这个聪明能干的小伙子十分赏识，高兴地对他说："小伙子，好好干，我是不会亏待你的。"

按照别人的思维，对这种场面话顶多是逢场作戏或者默不作声。不过，这个小伙子却并不这样认为，他觉得这是一次不可多得的机遇，应该将这句话当成老板对自己的承诺。于是，他轻松地一笑，对老板说："我想您一定会把这句话放到我的口袋里的。"老板一听，觉得这个小伙子非常有性格，于是开怀大笑起来，爽快地应道："放心吧，一定会给你放到口袋里去的。"不久之后，他就获得了加薪的奖励。

这位年轻的小伙子是很聪明的，一句幽默的话就加深了他在老板心目中的印象，同时也给自己的工作带来了丰厚的回报。如果老板对他进行鼓励的时候，他只是呈现出一种诚惶诚恐的表情，说些努力工作的话，恐怕就不会在较短的时间内获得奖励。

幽默的内在含义在于机智而又敏捷地指出别人的缺点或优点，在微笑中加以肯定或否定。幽默并不是油腔滑调、卖弄口才、玩文字游戏，真正的幽默往往胜在凝练。把那些本来需要直说的话用幽默的方式表达出来，语言越是精练，越会产生一种耐人寻味的效果。但这一前提必须是看出语言环境中的幽默

第二章
幽默的逻辑：幽默是一种高明的心理策略

之处。

在美国一次省议员演讲大会上，有两位议员发生了争执，其中一个议员是个严肃的人，另一个议员则脾气暴躁。事情是这样开始的：当另一个议员在作一个很漫长的演讲时，这个议员觉得对方占用的时间太长，就走到对方跟前低声说："先生，你能不能快点儿……"话未说完，那个正在演讲的议员便回过头来，用严厉的语气低声呵斥他道："你最好出去。"然后仍旧继续演讲。

这个受到呵斥的议员怒气冲天，迫不及待地想报复，但一时又找不到什么方法。结果，他的行为举止像一个小学生一样幼稚：小学生往往会去找老师告状，要求老师去惩罚他的敌人，这个议员则是去主席那里申诉，他觉得主席一定会替他当场主持公道的，但是，主席却以一种非常幽默的方式把这件事解决了。

他走到主席面前说："主席先生，你听见那位议员刚刚对我说的话了吗？"

"听见了，"主席不动声色地答道，"但是，我已经看过了有关的法律条文，你不必出去。"

机智的人不仅善于以局外人的身份化解他人的争吵，更善于打破在与人交往时因发生矛盾而出现的僵局。主席的这种回

说话的逻辑

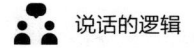

答十分聪明,他把那位议员的愤怒以幽默的形式表达出来,没有让自己卷入争吵的旋涡。

逻辑口才

在日常的人际交往中,我们要想成功运用幽默,就必须修炼自己的说话能力,打牢自己的语言功底,从而高屋建瓴地把握幽默语言艺术、达到"语不惊人死不休"的目的!

正话反说，是一种颠倒黑白的幽默

说话是一种艺术，生活中有许多场合可以用正话反说，或反话正说的方法把普通平常的事情说得生动幽默。我们在说服他人的过程中，常会出现一种情况，如果从正面直言，对方不一定能接受，也不一定能深刻认识到我们的观点，此时我们不妨选择正话反说的方法，也能达到言反意正的效果。

正话反话是一种颠倒黑白是非而产生的幽默，它通过一种语言的反差达到幽默的效果。美国作家马克·吐温就是深谙正话反说的方法，出其不意制造幽默的人。

马克·吐温收到一位初学写作的青年的来信。写信人对这样一个问题颇感兴趣：听说鱼骨里含有大量的磷质，而磷有助于补脑，那么，要成为一个鼎鼎有名的大作家，就必须吃很多很多的鱼才行，不知道这种说法是否符合实际。他问马克·吐温："您是否吃了很多很多的鱼，吃的又是哪种鱼？"

马克·吐温回信说："看来，你得吃一条鲸鱼才成。"

这则故事中，马克·吐温为了让这位青年认识到"吃鱼和

说话的逻辑

是否能成为著名的大作家之间并无多少关系"这一观点，采用了正话反说的方法，因为没有谁会真正吃一条鲸鱼。马克·吐温从反面夸张地开个玩笑，对方自然就认识到自己原本观点的荒诞可笑了。

生活中，我们在向别人提出建议或意见时，正话反说可以在幽默诙谐中表达自己的观点，让听者在平和的氛围欣然接受信息，达到比直言陈说更为有效的说服与沟通的目的。

有一则宣传戒烟的公益广告是这样说的——抽烟有四大好处：一省布料：因为吸烟易患肺痨，导致驼背，身体萎缩。二可防贼：抽烟的人常患气管炎，通宵咳嗽不止，贼以为主人没睡，就不敢行窃。三可防蚊：浓烈的烟雾熏得蚊子受不了，只得远远地避开。四永葆青春：不等年老便可去世。这里所说抽烟的四大"好处"，实际上是抽烟的诸多害处，如此正话反说，幽默感顿生，让人们从笑声中悟出其真正的建议，即抽烟有害健康，请勿抽烟。

约翰先生在车厢里很有礼貌地问坐在身边的一位女士："我能抽烟吗？"

女士很客气地回答："你就像在家里一样好啦！"约翰先生只好将烟盒重新放进衣袋里，叹了一口气说："还是不能抽。"

第二章
幽默的逻辑：幽默是一种高明的心理策略

这位女士说的是一句客气话，她的话并不幽默，幽默实际上来源于约翰先生回答之中隐含的判断：在家里就不能抽烟，因为受妻子"管制"；现在让自己如同在家里一样，自然还是不能抽了。这个结果一出现，使大家一下子对约翰先生夸张且无可奈何的神态忍俊不禁。

当我们需要表达内心的不满、希望对方接受我们的改善方法时，也可以使用正话反说的幽默技巧，让别人听起来顺耳一些。

杰克想喝咖啡，但端上来的咖啡差不多只有半杯。这时，杰克笑嘻嘻地对咖啡店主人说："我有一个办法，保证叫你多卖出三杯咖啡，你只需把杯子倒满。"

杰克巧妙地运用正话反说的幽默表达了失望感，又不至于给对方带来难堪。也许杰克并没有喝到满满一杯咖啡，但他一定会得到友善、愉快的服务，咖啡店主人或许还会请杰克下次再光临该店。

以上这些幽默故事，虽然都使用了同一种幽默技巧——正话反说，然而在表明自己的观点之前，制造幽默的人都是藏而不露的。不过，需要注意的是，即使是通过正话反说让对方领会得更深刻，也需要露中有藏，藏中有露。如果藏得太深，就很难让别人理解幽默之处。所以在使用这种技巧时，一定要注

说话的逻辑

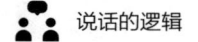

意张弛有度，要让人们经过短暂的思索后，立即能作出判断。

逻辑口才

正话反说，兼具机智与幽默之美，如果运用得当，可使话语含蓄而别具情趣，给听者留下广阔的思维空间，让人回味无穷，在笑声中取得良好的交际效果。

一语双关，幽默语言暗藏玄机

生活中，我们常常听到"一语双关"这一词汇，并羡慕那些说话一语中的、表达意味深远的人，他们总是能在自己的话中暗藏玄机。而这一积极的语言效果，就来自双关修辞手法的运用。

说话时，使用的每一个词或每一句话都有其特定的含义，有时这种含义并不表现在这个词或这句话的字面意义上，而是隐含在这个词或这句话的背后，这便是双关技巧。双关具有一箭双雕的特点，在讲话中是一种幽默的机智。其实，你只要用心观察，就会发现不少具有创意的双关语。

美国第38任总统福特说话喜欢用双关语。有一次，他在回答记者提问时说："我是一辆福特，不是林肯。"

很明显，福特总统的这句话是"话里有话"。我们都知道，林肯和福特虽是两种汽车的品牌，但在档次上却有很大的区别，林肯是汽车里最高级的，而福特则是廉价的、普遍的、大众化的，同时，林肯和福特又是两位总统的名字。因此，福特总统是想表达自己的谦虚，同时，也为了突出自己是大众喜欢的总统。福特巧借同名来比拟，以显示自己是大众喜欢的总统，不仅十分幽默，而且十分巧妙。

说话的逻辑

一般来说,一语双关是利用语句的同义和谐音的关系,有意识地使语句具有双重意义,即言在此而意在彼。由此,我们即可从谐音和同义两方面来运用这一表达技巧:

(1)谐音

一语双关的方法有很多,但最常见的还是运用谐音法。

有一次,一位小伙子向老人问路:"喂!去索家庄该走哪条路?还有多远?"

老人抬头看了他一眼,对小伙子的傲气和无礼很不满,随口应道:"走大路一万丈,走小路七八千丈。"

小伙子听了摸不着头脑:"怎么这儿论丈不论里?"

老人笑着对他说:"原来这儿是讲里(礼)的,自从不讲里(礼)的人来了才讲丈的。"

小伙子一听就知道自己失礼了,老人正在婉言批评自己,连忙给老人赔礼道歉。

为了增加语言的讽刺意味,我们可以临时借助同音词的谐音关系形成双关,明言此,暗言彼。特别是当遇到棘手的问题不好回答时,一语双关能收到出人意料的效果。同时,利用字的谐音来制造双关的效果,也会显得很有幽默感。

传说李鸿章有一个远房亲戚,胸无点墨却热衷科举,一心想借李鸿章的关系捞个一官半职。他在考场上打开试卷，果真无从下笔。眼看要交卷了，便"灵机一动"，在试卷上写下"我乃李鸿章中堂大人的亲妻（戚）"，指望能获主考官录取。主考官批阅这份考卷时，发现他竟将"戚"错写成"妻"，不禁拈须微笑，提笔在卷上批道："所以我不敢娶你。"

"娶"与"取"同音，主考官针对他的错字，来了个双关的"错批"，既有很强的讽刺意味，又极富情趣。

《刘三姐》里写刘三姐与三个秀才对歌，刘三姐唱道："姓陶不见桃结果，姓李不见李花开，姓罗不见锣鼓响，三个蠢材地里来。"这是谐音双关。刘三姐指姓陶说"桃结果"的桃，指姓李说"李花开"的李，指姓罗说"锣鼓响"的罗。说不见"桃结果""李花开""锣鼓响"，就是指陶、李、罗三位秀才没本事，不是赛歌的对手，这是利用双关语来进行讽刺。

（2）同义

这里的"同义"，指的是利用同一个词的不同含义来达到双关的效果，也就是话里包含了两层含义：一个是这句话本身的含义，另一个是引申的含义，幽默就从这里产生。也可说是言在此意在彼，让听者不只从字面上去理解，而能领会言外之意。

阿凡提在闹市中开理发店，店铺租期为一年。店主仗着店

说话的逻辑

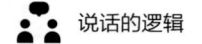

面是他的,每次剃头都不给钱。这天,店主又来了,阿凡提照例给他剃光了头,边刮脸边问道:"东家,眉毛要不要?"店主说:"废话,当然要!"阿凡提嗖嗖两刀,把店主的两道浓眉给剃了下来,说:"要就给你吧!"店主气得说不出话来,埋怨自己不该说要。这时,阿凡提又问:"胡子要不要?"店主忙说:"不要,不要!"阿凡提又嗖嗖几刀,把店主苦心留长的大胡子刮了下来甩到地上。就这样,阿凡提用双关语把店主整治得无可奈何。

因此,说话中为了避免语言的干涩无味,不如运用口才,适时来点儿幽默,采取双关的表达技巧,让听众诙谐一笑。

💬 逻辑口才

> 双关是文学和说话中常见的一种修辞方式。它是指利用语音或者是语义上的联系,有意识地让某一个词语牵涉到其他的事物中去,从而让这个词语具有双重的意义,造成一种言在此而意在彼的效果,最终营造出一种活跃的语境,用轻松的语言化解对方的为难。

第三章

遵循谈话中的逻辑规律，打动人心的表达必须有理可依

生活中，我们常听到这样一句话："你的话不符合逻辑。"这是由于内容违反了逻辑规律。所谓的逻辑规律，不是人们想象出来的，而是人们在长期的推理和思维实践中总结出来的。如果违反了它，就会造成思维和语言上的混乱。为此，我们在谈话中一定要遵守逻辑规律。

说话的逻辑

借题发挥，把错话说"圆"

"人有失足，马有失蹄"。在交谈中，无论凡人名人，都免不了出现言语失误，尤其是在犯了逻辑错误的情况下，很容易贻笑大方，或纠纷四起，有时甚至不堪收场。

经验不足的人碰到这种情况往往懊恼不已，心慌意乱，越发紧张，导致接下去的表现更为糟糕。我们如果能来个将错就错，借题发挥，把错话说"圆"，则可以轻松地摆脱窘境。言多语失时，最重要的就是要镇定自若、处变不惊，飞速地开动大脑，思考弥补口误的方法。

在实际谈话中，遇到失言的情况，有四个补救的小技巧可供参考：

（1）改义法

这种方法就是在错话出口之后，巧妙地将错话续接下去，最后达到纠错的目的。其高妙之处在于，能够不动声色地改变说话的情境，使听者不由自主地转移原先的思路，不自觉地顺着自己的思维走，随着自己的语言表达而产生情感波动。

在一场婚宴上，来宾争着向新人祝福。有一位女士激动地说道："走过了恋爱的季节，就步入了婚姻的漫漫旅途，你们现在就好比是一对旧机车……"其实，她本想说"新机车"，却一时口误，霎时，举座哗然。这对新人的不满更是溢于言表，因为他们都是各自离异，历尽波折才成眷属的，自然以为刚才之语隐含讥讽。那位女士发觉言语出错，连忙住口。她的本来意思是要将一对新人比作新机车，希望他们能够少些摩擦，多些谅解，但语既出口，若硬改过来，反而不美。于是，她马上镇定下来，不慌不忙地补充了一句："你们现在就好比是一对旧机车装上了新的发动机。"此言一出，举座称妙。继而，她又深情地说道："愿你们以甜美的爱情为润滑油，开足马力，朝着幸福美满的生活飞奔吧！"餐厅顿时掌声雷动。

（2）引申法

迅速将错误言辞引开，避免在错中纠缠。比如，可以立即接着说："我刚才那句话还应作如下补充……"然后根据当时的情境，做出相应的发挥，这样就可取代错话。

（3）移植法

就是把错话移植到他人头上。比如，"这是某些人的观点，我认为正确的说法应该是……"这就把自己已出口的错误纠正过来了。对方虽有某种感觉，但是无法认定是你说错了。

说话的逻辑

（4）转移法

巧妙地转移话题和分散别人的注意力。说错了话，要学会巧妙地转移话题，化解尴尬场面。比如，用幽默或玩笑的方式转移目标，把紧张的话题变成轻松的玩笑等，也可以巧妙地运用"挪移"手法，把别人的注意力吸引到其他方面。

一位老师普通话不过关，有一次上课，讲到某一问题要举例说明时，把"我有四个比方"说成了"我有四个屁放"，一时间，教室里像炸开了锅，学生笑得不可收拾。老师灵机一动，吟出一首打油诗："四个屁放，大出洋相，各位同学，莫学我样，早日练好普通话，年轻潇洒又漂亮。"老师的机智幽默赢得了学生的热烈掌声。

这位老师四两拨千斤，一首打油诗，就把自己的口误变成了对同学的激励，同学们在反思之余，自然就不会再把"四个屁放"当乐子了。

当然，能否快速将自己从口误中解救出来，关键要看一个人的应变能力，应变能力反映了一个人的机智和修养。而且，应变能力是以人生经验为基础的，只有多次实践，并总结经验，才能变得聪明老练。

第三章
遵循谈话中的逻辑规律,打动人心的表达必须有理可依

> 💬 **逻辑口才**
>
> 谈话中,发生口误在所难免,此时,无论你是一味尴尬还是拼命掩饰,都会使事情变得更为糟糕。所以,这时候的正确做法是,要稳住心神,寻找补救的方法。

说话的逻辑

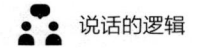

以偏概全是语言大忌

任何结论的得出都必须有充足的理由，没有理由就不能成立，理由虚假也不能成立，即便是理由真实，在论据不充足的情况下依然不成立。这里，我们要指出说话中一个常见的思维毛病，即以偏概全，乱作归纳推理，把个别的、一时的现象当作普遍的和永恒的现象。

据说，俄国著名的大文豪普希金狂热地爱上了被称为"莫斯科第一美人"的娜塔丽娅，并且和她结了婚。娜塔丽娅容貌惊人，但与普希金志不同道不合，对文学不感兴趣。相反，她总是要普希金陪她游乐，出席一些豪华的晚会、舞会，普希金为此丢下创作，弄得债台高筑，最后还为她决斗而死。一颗文学巨星就这样过早地陨落了。

在普希金看来，一个漂亮的女人也必然有非凡的智慧和高贵的品格，然而，事实并非如此，普希金在思维上犯的错就是以偏概全。人身上本没有光环，光环是被周围人加上的，光环加足了，平凡人也成为神。

其实，说话也是如此，缺乏科学的头脑和逻辑思维的推理，便匆忙给出结论，也是以偏概全的表现。

我们对一个人或一件事过分执着，就会在无意识中只关注甚至扩大对方的优点，以至于看不清事物的本质。在晕轮效应的影响下，我们的判断一般都是非理智的，常常让我们产生以偏概全的错误行为，因而产生事后的困惑、后悔。所以，要避免错误的发生，就一定要确保自己深入地去了解事情，且不宜轻易下论断。

20世纪20年代，美国著名心理学家爱德华·桑戴克提出了著名的"晕轮效应"，这一概念的含义是，人们对人的认知和判断往往只从局部出发，经扩散而得出整体印象，也常常以偏概全。一个人如果被标明是好的，他就会被一种积极肯定的光环笼罩，并被赋予一切都好的品质；如果被标明是坏的，他就会被一种消极否定的光环所笼罩，并被认为具有不好的品质。

心理学家桑戴克还做了这样一个实验。他让被试者看一些照片，照片上的人有的很有魅力，有的无魅力，有的中等，然后让被试者在与外表无关的特点方面评定这些人。结果表明，被试者对有魅力的人比对无魅力的人赋予更多理想的人格特征，如和蔼、沉着、好交际等。

最典型的例子就是，当我们看到某个明星被媒体曝出一些丑闻时，总是感到很惊讶，而事实上，我们心中对于明星的形

说话的逻辑

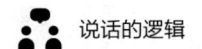

象根本就是她在银幕或媒体上展现给我们的那圈"光晕",真实的人格我们是不得而知的,仅仅是推断的。

以偏概全的逻辑错误可以增强人们对未知事物认识的可信度和说服力,因此,人们在认识事物的过程中会达到"好者越好,差者越差"的效果。很明显,这一逻辑错误会造成一些误区,比如:

①容易抓住事物的个别特征,习惯以个别推及一般,就像盲人摸象一样,以点代面;

②说好就全部肯定,说坏就全部否定,这是一种受主观偏见支配的绝对化倾向。

③把并无内在联系的一些个性或外貌特征捏合在一起,断言有这种特征必然会有另一种特征。

正如歌德所说:"人们见到的,正是他们知道的。"日常生活中,很多时候,我们对人的知觉、评价都受到我们自身认识的影响,我们喜爱一个人的某个特征,就喜欢整个人,进而泛化到喜爱一切与他有关的事物。这就是所谓的"爱屋及乌"。相反,如果不喜欢某个人的某件事,负面看法就会波及他的周围。为此,我们在谈话时,一定要避免以偏概全,应从多角度和多渠道了解。

逻辑口才

以偏概全的逻辑错误不但常表现在以貌取人上,而且还常表现在以服装断定地位、性格，以初次言谈定人的才能与品德等方面。在对不太熟悉的人或事进行评价时，我们很容易以偏概全，实际上，这正是我们最应该避免的。

说话的逻辑

说话要建立在事实基础上

说话要诚实、有据可依，这是尽人皆知的道理。并且，从逻辑学的角度考虑，这是符合逻辑定律中的充足理由律的。充足理由律的内容是：在同一思维和论证过程中，一个思想被确定为真，总是有充足理由的。

这里所说的思想通常是指其真实性需要确定的判断，因此，充足理由律可以表述为：p真，因为q真，并且由q能推出p。

也可以用符号公式表示为：

$$[q \wedge (q \rightarrow p)] \rightarrow p$$

在上述表达式中，p代表其真实性需要加以确定的判断，我们称它为推断。q代表用来确定p真的判断（也可以是一组判断），我们称为理由。因此，这一公式的意思是：一个判断p之所以被确定为真，是因为q真，并且由q真可以推出p真。在这里，q就是p的充足理由。

充足理由律的逻辑要求主要有两条：

第一，理由必须真实；

第二，理由与推断之间要有逻辑联系。

这里必须指出，充足理由律本身并不能为人们提供真实理

第三章 遵循谈话中的逻辑规律，打动人心的表达必须有理可依

由。因为在一个论证中，理由究竟是真是假，这不能由充足理由律来确定，而只能由实践和各门具体科学来解决。

违反充足理由律的要求，就会犯"理由虚假"或"推不出"的逻辑错误。

（1）理由虚假

以主观臆造的理由为依据进行论证，就会犯"理由虚假"的逻辑错误。

（2）推不出

有时，理由孤立地来看是真实的，但它同推断没有必然联系，理由推不出推断。

充足理由律主要是用来保证思维的论证性。说话、写文章或著书立说只有具有论证性，才能具有真正的说服力。

同样，我们在谈话中，按照这一逻辑要求来说话，也会让话语更有说服力。

我们都听过"狼来了"的故事：

从前，有个放羊娃，每天都去山上放羊。

一天，他觉得十分无聊，就想了个捉弄大家寻开心的主意。他向着山下正在种田的农夫们大声喊："狼来了！狼来了！救命啊！"

农夫们听到喊声，急忙拿着锄头和镰刀往山上跑，他们边跑边喊："不要怕，孩子，我们来帮你打恶狼！"

说话的逻辑

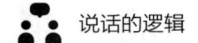

农夫们气喘吁吁地赶到山上一看，连狼的影子也没有！放羊娃哈哈大笑："真有意思，你们上当了！"农夫们生气地走了。

第二天，放羊娃故技重施，善良的农夫们又冲上来帮他打狼，可还是没有见到狼的影子。

放羊娃笑得直不起腰："哈哈！你们又上当了！哈哈！"

大伙儿对放羊娃一而再，再而三地说谎十分生气，从此再也不相信他的话了。

过了几天，狼真的来了，一下子闯进了羊群。放羊娃害怕极了，拼命地向农夫们喊："狼来了！狼来了！快救命呀！狼真的来了！"

农夫们听到他的喊声，以为他又在说谎，大家都不理睬他，没有人去帮他，结果放羊娃的许多羊被狼咬死了。

从这个故事中可以看出，说话真实是取得信任的前提条件，没有谁喜欢听谎言。另外，沟通中，我们如果发现对方的话站不住脚，也要懂得利用语言技巧击破谎言。

> **💬 逻辑口才**
>
> 在任何形式的谈话中，我们都要求概念必须是真实可信的，是有据可依的，这样才经得起逻辑的推敲，也才更有说服力。

第三章
遵循谈话中的逻辑规律，打动人心的表达必须有理可依

主观臆断的语言，违反充足理由律

生活中，人们常说："没有调查就没有发言权""实践才是检验真理的唯一标准"。我们在与人交谈的过程中，要想让自己的话更有说服力，绝不能信口开河、仅凭自己主观臆断。然而，我们发现，确实有一些人在谈话时以自己先"入"的主观认识为理由，这些理由都是没有接受过检验的，而这就违反了充足理由律。所以，人们对于事物的看法必须接受客观事实的检验，不能随心所欲地表达。

要避免这一点，我们最好能做一些有针对性的调查工作，不仅能帮助我们找到说话时受用的材料，让我们的话更有说服力，也能帮助我们选择适宜的讲话方式，改进讲话效果。

我们先来看下面的案例：

在钱锺书先生的小说《围城》中，有个主人公叫方鸿渐，他留洋回国后，家乡的一所学校请他去给学生们作一次演讲。而这位方先生实际上肚中并没多少墨水，只是挂个留学生的虚名而已，但因为面子问题而不好推辞。

演讲前的头一天晚上，他原本是准备查找一些资料的，却

说话的逻辑

在看书时睡着了。就这样，第二天演讲时，为了应付，便大谈有关鸦片与妓女的话题，弄得在场的人都很尴尬，他自己也因此而臭名远扬。

这里，方鸿渐为什么出尽了洋相？很明显是准备不充分，不但没有做好充分的调查工作，甚至连基本的主题都没有确定，临时发挥时只好胡说一气。

谈话中，一个观点要想说清楚、讲透彻，一件事情要想说得可信，你必须对有关事实进行调查研究，掌握充分的事实材料。这些事实材料，不但使得你的讲话内容有保证，还能增强你在说话时候的底气，而你如果不准备材料，或者缺少材料，那么，说话时就只能勉强说，甚至根本不知从何说起，这样，你自己说得痛苦，对方也听得无趣。

事实上，那些善于说话的人从不说空话和大话，而是极善于调查研究的，他们的言论都是经过很长时间深入基层、深入群众调查后才发表的。

我们再来看下面一个领导者的管理教训：

刘洋是一名海归，现在在一家网络公司担任财务总监，在他上任半年后，公司上司让他代表中层管理者作一次演讲。

该怎样确定演讲主题呢？想来想去，他还是决定谈自己的老本行。于是，他决定对公司的账目进行一次大审查，经过调查，刘洋发现，这一年来，公司居然根本没有盈利。到底是哪里出了问题？

他找来财务人员才知道，原来一直以来，他忽视了一个问题，网络公司在网站维护上的成本投入太多。而造成这一问题的原因就在于公司在这一方面人员安排过多。很多工作，明明一个员工就可以解决，却安置了太多的闲余人员。

找到这些原因后，刘洋在公司的演讲大会上还提出了一些更细致的解决方案，比如，公司员工的奖金制度应该加以调整并细化；员工的考勤制度也应该明确化……

公司的高层领导对刘洋的演讲表现很满意，并采纳了他的方案。经过一系列的调整，第二年的第一个月，这家公司就呈现出一片大好的发展趋势。

与第一个案例中方鸿渐的做法不同，财务总监刘洋为这次演讲进行了全方位的调查，找到了公司的财务问题，并在演讲中提出了具体的措施，自然会赢得领导的认同。

的确，在谈话中，说者和听者其实都有自己的想法，都是理智的。你如果希望对方接受你的想法和观点，最好出示有力的证明、有说服力的调查数据等，完全凭自己的主观看法是无法打动对方的。

说话的逻辑

💬 逻辑口才

　　谈话中，你的观点是否可信，在于你的证据是否可信，你的论证是否符合逻辑。这需要你列举出一些有说服力的证据，通过论证的方式将各种观点的优劣、长短逐一比较分析，而这都需要做好调查工作。

第三章
遵循谈话中的逻辑规律，打动人心的表达必须有理可依

明确概念本义，能减少谈话中的误解

前面我们谈到，在对话中，发话者和听话者提出的概念必须是明确的，这一要求适用于任何交谈和辩论。的确，在谈话中，为了减少误解，让沟通更顺畅，有时对使用的概念必须明确其本义，否则就犯了偷换概念的错误。我们先来看下面两则例子：

例一：

张某喜欢打麻将，隔壁李某上门劝说："你们打麻将打搅别人休息。"

李某回说："你说我们打搅的是别人，又没有打搅你。"

例二：

A：你有烧水的水壶吗？

B：有。

A：那借给我烧下开水。

B：你烧开水还用借水壶吗？水是开的，用不着烧了。

A：那我烧冷水好了吧？

B：不行啊，我的水壶是烧开水的。

说话的逻辑

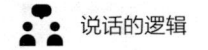

A：那我烧开水好吗？

B：开水还用烧吗？

以上两则例子是常见的偷换概念。在例一中，张某话语里说的"别人"泛指的是除了李某以外的所有人，当然也包括张某自己，但是李某却缩小了张某的概念，所以才说出了"又没有打扰你"的话。

而在例二中，面对A来向自己借水壶，B反复几次偷换概念，"开水"是"开"的，自然是不用烧了，而他又说自己的水壶是用来烧开水的，如此反复。其实，对于A来说，面对B故意偷换概念，他可以回答："把你的水壶借给我烧下水。"避开"开水"与"冷水"的话题，也就避免对方偷换概念了。

逻辑学上的偷换概念，是指将一些似乎一样的概念进行偷换，实际上改变了概念的修饰语、适用范围、所指对象等具体内涵。

偷换概念是一个歪曲对手言论的逻辑谬误。犯下这种谬误的人会把对方的言论重新塑造成一个容易推翻的立场，然后对这立场加以攻击。偷换概念事实上，只是对人的误导，因为对方真正的论据并没有被推翻。

偷换概念就是把一件事物的本来意义用狡辩的手法换成另外一种看起来也能成立的解释，混淆是非，把假的搞成了真的，转移对方的注意力，以达到某种目的。成语"偷梁换柱""以假乱真""浑水摸鱼""顾左右而言他"都表现了偷换概念的含义。

以下是一些偷换概念的方法：

①把对方言论作出曲解，把它推翻，再将自己的观点夹带其中；

②断章取义，从对方真正的言论中选取对自己有利且有误导性的段落；

③选取其他与对方拥有相同立场的人，把他们支持该立场的牵强论据推翻，再假装已经辩倒"所有"拥有该立场的人，以推翻该立场；

④虚构一个行为和信念遭受批评的人物，再声称该人物为对方言论不可或缺的一部分。

当然，此处我们要强调的依然是，谈话中要避免出现概念偷换的情况，要明确概念，这样才能让听者明确本义，加强彼此沟通。我们再来看看下面4个概念不明确的语句：

①"你说，读完北京大学用多少时间？"

②"你相信吗？我会用黑墨水写出红字来。"

③"把冰变成水最快的办法是什么？"

④"早晨醒来，每个人都要做的事是什么？"

我们对这四句话进行分析：

按正常人的思维，读完北京大学，就会想到读完本科，整个过程当然要四年，要是读研究生还要更长时间。偷换概念后就成了把"北京大学"四个字读完用多少时间，答案就变成了只要一秒。这是平常思维的人无法立即想到的。

用黑墨水怎么会写出红色的字来，偷换概念后，就变成我能用黑墨水写出"红"这个字来，不是写出红色的字。

同样，用偷换概念的方法把冰变成水，只要把"冰"这个字，抹掉两点水的偏旁，就成了"水"字。

早晨醒来先做什么？而且是大家都要做的事。其实很简单，答案就是睁开眼睛。出题的人故意偷换概念，让大家往正常的思维方向去想，自然就不会得出理想的答案。

当然，并非只有谬误才能推翻，这种方法还可以限制对方论点的范畴，使其离题，或者作出穷举法论证的一步。

例如，德国大文豪歌德曾经在路上遭遇一名不友善的人。这个人认识歌德，但竟然当面对歌德说："我不会让路给傻瓜。"

歌德说："我正好相反。"然后给那个人让开一条路。

总之，在谈话中，我们要明确概念和本义，避免出现沟通中的误解，但是出于反驳他人的目的，就另当别论了。

逻辑口才

谈话中，如果表达的概念不清晰、不明确的话，不但会导致误解，还会导致事与愿违。

遵循排中律的逻辑，避免双双否定

在前面的章节中我们提到，谈话中的概念必须明确，这也是为了保证思想的明确性，更能保证谈话的顺畅，这是思维正确的前提。这就涉及排中律这一重要的逻辑定律。

所谓排中律，指的是在同一思维过程中，两个互相矛盾的思想不能同假，必有一真。排中律的公式是："A或者非A"。

排中律的逻辑要求是：对于两个互相矛盾的判断，必须明确地肯定其中之一是真的，不能对两者同时加以否定。对于两个互相矛盾的命题，如果有人既不承认前者是真的，又不承认后者是真的，或既认为前者是假的，又认为后者也是假的，那么，此人的思想就陷入了我们习惯说的"模棱两可"之中（实际上，应该叫作"模棱两不可"）。

模棱两可是一种常见的违反排中律要求的逻辑错误。所谓模棱两可，就是在两个互相矛盾的命题之间，回避作出明确的选择，不作明确肯定的回答，既不肯定，也不否定。我们来看看下面这一则故事：

说话的逻辑

有一块空地可以种庄稼，甲、乙两人讨论这块地种什么庄稼好。甲一会儿说应该种小麦，一会儿又说不应该种小麦。针对甲的说法，乙说："你的两种意见我都不同意。"

这里，甲的说法违反了矛盾律的要求，犯了"自相矛盾"的错误，因为他同时断定了这块空地"应该种小麦"和"不应该种小麦"这两个相互矛盾的判断。针对甲的说法，乙的说法违反了排中律的要求，因为排中律认为两个互相矛盾的判断不能同假，而乙恰好断定上述两个判断都是假的。

人们之所以违反排中律，往往是由于在"是"与"非"之间含糊其辞，持骑墙居中的态度；或者由于认识模糊，把具有矛盾关系的思想混为一谈。

所以，我们可以说，在同一思维过程中，如果对于两个互相矛盾的思想，既不承认这个，又不承认那个，就违反了排中律的要求，双双否定的情况也是不存在的。为此，我们在说话中也要尽量避免这一逻辑错误，这样才能正确地反映客观事物，也才能达到沟通目的。

不过，在现实的沟通中，有些情况下，违反排中律的情况并不是单独出现的，而是掺杂着其他的情况，需要我们一一分析。比如，

和平中学的四位老师在高考前对某理科毕业班学生的前景

第三章
遵循谈话中的逻辑规律，打动人心的表达必须有理可依

进行推测，他们特别关注班里的两个尖子生。

张老师说："如果陈勇能考上北大，那么，方林也能考上北大。"

李老师说："依我看，这个班没有人能考上北大。"

王老师说："不管方林能否考上北大，陈勇考不上北大。"

赵老师说："我看方林考不上北大，但陈勇能考上北大。"

高考的结果证明，四位老师中只有一人的推测成立。

如果上述断定是真的，则以下哪项也一定是真的？

A. 李老师的推测成立。

B. 王老师的推测成立。

C. 赵老师的推测成立。

D. 如果方林考不上北大，则张老师的推测成立。

E. 如果方林考上了北大，则张老师的推测成立。

正确答案是E。

题干中，张老师和赵老师的推测形式分别是"如果P则Q"和"P并且非Q"，互相矛盾，根据矛盾律和排中律，其中必有一个推测成立且只有一个成立，另一个不成立。又由于条件，四人中只有一人的推测成立，因此，李老师和王老师的推测均不成立，即事实上陈勇考上了北大。因此，如果方林考上了北大，则张老师的推测成立，即E项为真。

说话的逻辑

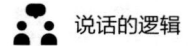

💬 逻辑口才

在同一思维的过程中,两个互相否定的思想必有一个是真的。所以,交谈中,双双否定的情况是不存在的,应尽量避免。

第四章

巧言谢绝：
说话有情有义有逻辑才能不伤人心

在我们日常的生活和工作中，谁也不可能做到有求必应，面对别人的求助或者是邀请时，当感到自己无能为力、恕难从命的时候，我们就要拒绝别人。不过，在拒绝别人的时候，应该选择合适的方式。如果拒绝的方式过于生硬，就会显得自己不近人情，也很容易让对方的自尊心受到伤害。因此，我们在拒绝别人的时候，一定要运用一些适当的逻辑技巧，这样既能达到个人的目的，又不至于伤害彼此间的感情，从而保证人际关系的和谐。

说话的逻辑

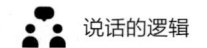

拒绝他人，要给出一个有情有义的理由

在别人寻求帮助的时候，热心肠的我们总会在力所能及的范围内给予尽量的帮助，但是，每个人总会有能力达不到的地方。面对别人的求助，我们在很多情况下都会无能为力，那么在这个时候，我们就要耐心地向求助者进行详细的解释，让对方明白我们并不是不愿意帮忙，而是因为心有余而力不足才拒绝的。当对方了解我们拒绝的原因之后，就不会产生误解，也会感受到我们的诚意。这样就会留有继续交往的余地，双方的友谊才可能继续维持下去。如果在拒绝别人的时候只是简单地说"不行""不可以"之类的话，恐怕就会让求助者觉得你是一个冷血动物，如果对方是一个急性子的人，说不定还会当众给你难堪，让你下不了台。

的确，拒绝就意味着将对方拒之门外，有时会让对方很难堪。而如果我们能根据不同的场合和对象进行考虑，选择恰当的方法、以情动人地说出自己的理由，或者为对方寻求更好的解决方法，那么，即使是拒绝，对方也会感觉到你的情义。

曾有个野心勃勃的军官一而再、再而三地请求狄斯雷利加

第四章
巧言谢绝：说话有情有义有逻辑才能不伤人心

封他为男爵。狄斯雷利知道这个人才能超群，也很想跟他搞好关系，但他的军官不够加封条件，因此无法满足他的要求。有一天，首相狄斯雷利把这位军官单独请到办公室里，对这位军官说："亲爱的朋友，很抱歉我不能给你男爵的封号，但我可以给你一样更好的东西。"

随后，狄斯雷利低声说道："我会告诉所有人，我曾多次请你接受男爵的封号，但都被你拒绝了。"

这位军官按照狄斯雷利的建议做了，结果，这个消息一传出，很多人都称赞这位军官谦虚无私、淡泊名利，对他的礼遇和尊敬远远超过任何一位男爵。军官得到了良好的评价，因此，他对狄斯雷利由衷地感激。后来，这位军官就成为狄斯雷利首相最忠实的伙伴和军事后盾。

这里，狄斯雷利拒绝军官的方式是巧妙的，既不让对方感到难堪，还让对方成为自己重要的支持者，真可谓一举两得。

当然，拒绝也是要讲究艺术的。告诉对方拒绝的理由时，不能用一种不耐烦或者是找借口的态度去推脱或者敷衍，那样的方式会让对方觉得你为人不够真诚，缺乏热心；当然，也不能用模棱两可的话来回答别人，比如说些"我想想办法""试试看吧"之类的话，那样的话很可能会让别人觉得你已经答应了下来。因此，在提出拒绝的理由时，我们要注意以下几点：

（1）明确及时地讲出你的理由

拒绝他人的帮助并不是什么见不得人的事情，实在无法答应别人的要求时，一定要明确地告诉他："实在对不起，这件事情上我实在是帮不了您的忙，您还是想一下别的办法吧。"一般来说，当别人了解到你的困难之后，就不会再继续在你身上耗费时间等待。这样，就能为对方寻找其他的方法提供了时间，同时也不会给自己带来烦恼。

如果拒绝对方的时候含糊其辞，对方就无法明白你的真实意思，依然会对你抱有希望，把你当成救命的稻草，从而搞得你左右为难。这样做，既耽误别人的时间，也给自己带来了麻烦。

（2）委婉地讲出理由，明确地表示拒绝

明确及时地讲出理由，拒绝对方，并不是说要用严肃呆板的话来对待别人，如果用一些颇具杀伤力的语言来拒绝对方的话，就会激怒别人。一般情况下，在一个人表示求助的时候，他的心里总是很敏感，他能够从比较委婉的话里听出拒绝的意思，那么，他就会很识趣地离开，不再去打扰你。在我们委婉地提出个人的理由时，一定要注意，委婉并不是模糊，千万不能给对方留下无意义希望。只有这样，才不会给双方带来伤害。

（3）态度一定要真诚

在拒绝别人求助的时候，一定要注意态度的真诚。当你向对方陈述个人理由的时候，如果失去了真诚的态度，就会让对

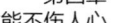

方觉得是对他不屑一顾，所有的理由不过是借口罢了。只有坦诚相告，才会让对方将心比心，设身处地地去考虑你的为难之处。

逻辑口才

拒绝他人时，我们可以从"情"入手，每个人都是通情达理的，你如果能把拒绝的理由也说得有情有义，那么，不仅可以成功拒绝他人，甚至可以帮你赢得友谊。

说话的逻辑

顾左右而言他，是巧妙拒绝他人的心理策略

人与人的交往中，拒绝与被拒绝是很常见的。在表达拒绝时，总是难离一个"不"字，而这个"不"字又是最不好意思说出口的。然而，一味地接受又会让自己陷入困境。所以，学会拒绝不仅是为他人着想，更是为自己负责。其实，有时我们拒绝的人之所以会与我们反目成仇，并非完全因为我们拒绝了他，更多的是因为我们拒绝他的语言和方式伤害了他。我们不能避免拒绝，但可以在拒绝时采取适当的方法，最大程度地避免因为拒绝而四面树敌。

不好正面拒绝时，只好采取迂回的战术，转移话题也好，另有理由也罢，主要是善于利用语气的转折，不致撕破脸。事实上，人都是聪明的，你大可不必担心对方不能领悟你改变话题的用意。因此，顾左右而言他绝对是一个巧妙拒绝他人的心理策略。

有对年轻男女在一起工作，男方对女方产生了爱慕之情，男方急于表白心意，女方虽心领神会，却不愿将友情向爱情方面发展，女方认为还是不要说破，保持那种纯真的友谊比较

好。于是，就出现了下面的情况：

男青年：我想问问你，你是不是喜欢……

女青年：我喜欢你给我借的那本公关书，我已经看了两遍了。

男青年：你看不出来我喜欢……

女青年：我知道你也喜欢公共关系学，以后咱们一起交流学习心得吧？

男青年：你有没有……

女青年：有哇！互相切磋，向你学习，我早就有这个想法。

这位女青年的三次断答，使得男青年明白了她的想法，于是便不再问了。这比让他直率地问出来，女青年当面予以拒绝，效果当然要好很多。

在拒绝他人时，我们有时会觉得不便说"不"，便随便找些不值一驳的理由来暂时搪塞对方，以求得一时的解脱。但这个方法并不能一劳永逸，因为对方仍可能会找理由与你纠缠下去，直到你答应为止。比如，你不想答应帮对方做事，推托说："今天我没有时间。"他可能会说："那没有关系，你明天再帮我做好了，事情就拜托你了。"此时，你可能很难再用其他借口推辞了，因为这些都是小小的谎言，一经反驳，你肯定会感到慌乱，说"不"的意志便很难坚持了。实际上，你不妨直接采取转移话题的方法，不直接回答对方的问题。

当然，我们在采取这一语言策略的时候，需要正确断答，才思敏捷，口语技巧娴熟。原因如下：

首先，断答前要摸准对方的心理，"你一张口，我就知道你要问什么""未闻全言而尽知其意"，这与"错答"比起来，要求会更高。

其次，要能抢得自然而恰当，比如，从"喜欢人"引论到"喜欢书"，能自然地转移话题。

最后，断答往往需要几个回合才奏效，因为抢一两次，对方可能还不能领悟到答话者的真正意思，或者略微知道而不甘心，从而继续发问，这就要求"连抢"多次，才能不露破绽，达到目的。断答难度大，技巧性强，但如果运用得当，效果也会很好。

逻辑口才

当别人提出一些要求，而你无法答应他所说的事情的时候，就不妨有意识地回避一下，巧妙地将话题引到其他的事情上去。这样既不会让对方感到难堪，又能打消对方的期待，最终达到谢绝的目的。

善用转折词，达到委婉拒绝对方的目的

拒绝别人的要求，直接说出"不"字总会让我们感到很为难。答应的话，自己办不到，不答应吧，又怕别人面子上挂不住。当我们束手无策、进退两难的时候，可以先肯定对方请求中合理的部分，然后再用连接词"不过"或"但是"来进行转折，从而达到委婉拒绝对方的目的，这样就能起到很好的效果。

赵敏自己办了一家服装厂，经过多年的打拼，终于形成了一定的规模，不仅在国内市场上打开了一条销路，并且有许多产品销往国外。服装厂的效益好了，自然就有不少人愿意到她的工厂工作。除了应聘者的络绎不绝之外，还有不少人托关系，希望能够在她的工厂里求得一个职位。

这一天，赵敏的一个老朋友给她打来电话，说想要给她推荐一个刚刚从服装学院设计系毕业的"人才"，问她是否愿意接受。正准备再次扩大规模的赵敏当时很需要一些专业的设计人员，而且这位朋友和她的关系又不一般，于是就爽快地答应让那个学生来面试。但是，面试的结果让赵敏感到非常失望，对方根本不像朋友说的那样是一个"人才"，而是一个地地道

说话的逻辑

道的门外汉，就连最基本的设计知识都不懂。

赵敏这一下子就犯难了，接受这个人吧，他明显不适合这份工作，不接受吧，又怕无法给朋友一个很好的交代。毕竟，这位朋友在赵敏创业初期给了她很大的帮助。经过再三考虑，赵敏决定拒绝留用这位"人才"。但是，在做出这个决定的时候，她又在考虑用哪一种方式来跟朋友说这件事。

三天之后，赵敏高兴地给朋友打电话，说："非常感谢您给我推荐的这位人才，经过我们这里几个领导的商议，认为他非常有能力。只不过，他所学的专业和我们的要求有着很大的差别，在我们这里上班我们自然表示欢迎，但是这会非常限制他发挥才能。我想，还不如让他找一家对口的单位，找一个真正适合他的工作和岗位。我可以在我的朋友中问一下，看看有没有人需要这样的人才，您看好吗？"

朋友也是一个明白事理的人，听赵敏这么一说，心里便明白了，就很爽快地说："既然是这样，你就不要为难了，再让他去别的公司试试吧。"

赵敏在拒绝朋友推荐的人才时，并没有直接说不能用，而是先对朋友表示了一番衷心的感谢，然后才接着说："但是这样做的话只能限制他才能的发挥。"这样就会让朋友和被推荐者感到十分有面子，对不能聘用的结果也不至于有太大的遗憾。最后，赵敏还说了一句"我在我的朋友中问一下，看看有没有人需要这样的人才"，这样不仅不会让对方对没有被聘用而耿耿于怀，还会让对方对她充满感激。

当对方向你提出要求的时候，如果你一开口就说"不行"，必然会给对方带来不愉快，不如先肯定一下对方，对他的要求表示同情和理解，然后再巧借连接词"但是""不过"来陈述理由，这样就能让对方理解你的想法，从而不再强人所难，主动放弃请求。

比如，当你的朋友想让你帮他完成一项工作的时候，而你却没有时间去帮他的忙，在这个时候你万万不能说："我哪里有时间去帮忙，你还是去找别人吧。"这样说虽然表达了你的想法，却会给朋友带来伤害。为了慎重起见，你不妨这样说："我非常愿意帮你的忙，毕竟这是一次让我得到学习和提升的好机会，但是我手头上还有很多事情没有处理完，我认为你的工作能力和效率完全能在很短的时间之内完成这一任务，要不你自己先干着，等我把手头上的事忙完，再过来和你一块去完成这项工作，好吗？"

这种带有建议性质的拒绝，既能让朋友知道你是在设身处地为他考虑事情，又达到了拒绝的目的，做到了合情合理，想必对方也不会再说出其他的话来。

💬 **逻辑口才**

在生活中，我们在拒绝他人之前，可以先由衷地表示感谢，然后再用连接词"不过"或"但是"来委婉地拒绝别人，这样既能坚持个人的观点，又不至于太伤别人的面子。

灵活拒绝，获取对方的理解

生活中，难免会有人要求我们做一些我们不愿意或者是做不到的事情，在这个时候我们就应该学会拒绝。但是许多人担心会给对方带来难堪，甚至会因为拒绝不当而伤害双方的感情，从而失去朋友。为此，我们在拒绝的时候，应该学会运用灵活的拒绝方式，给出一个让双方都能接受的回答。一般来说，我们可以用以下几种灵活的方式去拒绝别人。

（1）推诿法

所谓推诿法，就是不直接说出自己的意见，而是借用别人的身份来表示拒绝。这种做法表面上看来是在转移责任，而实际上能起到很好的效果，它能够让别人理解你的难处，从而不再强人所难。不过，在使用这个方法的时候，一定要注意，要利用不在场的第三者来做"挡箭牌"，只有这样，才能自圆其说。

小周是一个集邮爱好者，她的朋友当中也有很多人是集邮迷。有一天，她的一个朋友来向她提出交换邮票，但是她不愿意和别人进行交换，可又怕朋友不高兴，说她小气。于是，就对朋友说:"我早就想和你的邮票进行交换了,但是我的集邮册不是我个人的,而是和我姐姐共同拥有的,我姐姐不愿意和别人进行交换,实在是对不起。"其实,她的姐姐对集邮并不感兴趣,更没有心思去干涉她交换邮票的事,只不过是以此为借口罢了。果然,她的朋友听她这么一说,也就作罢了。

(2)模糊法

所谓模糊法,就是用模糊语言来应对他人的请求,这种方法从表面上看是对请求者有了交代,但在实际上却没有任何的信息和价值,从而达到拒绝别人的目的。

公司中小刘是大家公认的台球高手,只要小刘出手,就不会打败仗。巧的是,总经理也是一个台球迷,很喜欢打台球。

有一天,小刘和总经理在台球室相遇,总经理执意要和小刘切磋一下。几个回合下来,所有的人都能看出来小刘的技术更胜一筹。

总经理却故意问小刘:"小刘,你说咱们谁是第一,谁是第二?"

小刘如果说自己是第一,一下子就把总经理得罪了;如果说总经理是第一,不仅贬低了自己,还有拍马屁之嫌。

小刘想了想说:"总经理的球技是领导中的第一,我的球技是下属中的第一,咱们都是第一。"

第四章 巧言谢绝：说话有情有义有逻辑才能不伤人心

总经理听后满意地笑了。

小刘正是运用模糊语言，巧妙地解除了总经理的难题，化解了尴尬，对总经理提出的棘手问题回答得滴水不漏。

（3）搪塞法

搪塞法，顾名思义就是在回答别人问题的时候选择一些模棱两可的语言，挑选一些没有任何实际价值的信息去应付一下。

避开实质性的问题，故意用模棱两可的语言作出具有弹性的回答，既无懈可击，又达到了在重要问题上拒绝作出答复的目的，这种方式比直接说"不"，会显得更有智慧、更有风度。

（4）曲解法

对别人的话表示不明白，或者用你自己的"理解方式"去回答，用一些让别人哭笑不得的理解方式去解释原因，来达到拒绝的目的。通常情况下，这种方法适用于应对那些喜欢耍小手段的请求者，让他有苦说不出。

有一次，一位贵族夫人邀请帕格尼尼第二天到她家去喝茶。碍于情面，帕格尼尼接受了她的邀请。贵妇感到非常高兴，告别的时候，笑着叮嘱帕格尼尼说："亲爱的艺术家，明天来的时候，请您一定要带上您的提琴。""这是为什么呀？"帕格尼尼装作很惊讶的样子说，"夫人，您应该知道，

说话的逻辑

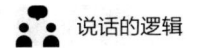

我的提琴是从不会喝茶的。"

帕格尼尼通过曲解对方语言的含义,达到了拒绝为这位贵族夫人拉小提琴的目的。

💬 逻辑口才

拒绝别人的要求,直接说出"不"字会让我们感到很为难。所以,在拒绝前,我们要学会运用更为灵活和巧妙的方法,从而达到曲径通幽的效果。

第四章
巧言谢绝：说话有情有义有逻辑才能不伤人心

用拖延法拒绝，减少负面影响的产生

在日常生活中，没有一个人能够做到有求必应。面对别人的求助或者邀请，谁都有爱莫能助、无能为力、恕难从命的时候。这是一个很正常的现象，毕竟每个人的精力和能力都是有限的，不可能每次都能答应别人的请求。但是，我们中的一部分人往往因为不懂得拒绝的方式，用生硬的话回绝对方，从而给别人的心理带来不快，也给自己带来了一些负面影响。

其实，学会拒绝并不难，只需要我们掌握一些拒绝时的逻辑口才技巧，比如，拖延法能有效帮助我们降低拒绝他人时产生的负面效应。

迈克是一名部门主管，当初公司把他调到这个部门时，他就不太愿意。因为他早有耳闻，这个部门的前任主管在管理团队时，喜欢事必躬亲，什么都为手下安排得妥妥当当，喜欢当老好人，部门大事小事总是一把抓，导致了此部门员工没有得到很好的工作历练，他们部门员工在公司所有员工中能力是最低的。但既然公司已经下达了指令，迈克只好硬着头皮上了，他也有志改善部门状况。

说话的逻辑

刚来报到的第一天，秘书小林就对迈克说："主管，我在这之前没有做过这类的报表，你帮我做一下吧。"

听到这话，迈克觉得很诧异，做报表在公司一直是秘书的本职工作，小林的请求实在是太过分了，他很生气，但想到要是第一次就这么严厉地对待员工的请求，势必会让自己给下属留下不好的印象。因此，他思虑之后，对小林说："不好意思呀，今天我刚来，事情太多了，等忙完这周你再把数据表拿来。"

一听到迈克这么说，小林心想，这份报表周五前必须交到公司财务部，哪里还等得到下周？于是，她只好自己去处理了。

这招果然奏效，后来，迈克用同样的方法回绝了很多下属的请求。

案例中的主管迈克可谓是一片苦心，为了让下属能尽快成长起来，他给下属创造了更多自己动手的机会。于是，面对秘书的工作求助，他采取了拖延的心理策略加以拒绝。这种心理策略很简单，对于你不想答应的请求，完全用不着下决定，用不着点头或者摇头，而只是让来请求你的人迟些再来。例如，你可以说："我的任务现在排得满满的，你能不能两个礼拜以后再来找我？"有的时候，如果你连着拖延了两回，那个人就会放弃了。

第四章
巧言谢绝：说话有情有义有逻辑才能不伤人心

那么，具体在使用这一心理策略时，我们该怎样表达呢？

（1）可以先同意

这似乎听上去有点儿自相矛盾，但是你可以把这看作一场心理上的战争。你可以先同意要求，然后做下面两件事之一：

你可以说："没问题，但是我现在的工作堆积如山，你能不能过一个月左右再来找我？我只有先处理完自己的工作，才有精力帮忙。"

或者你可以说："当然可以，但是你能不能先去做……这样我们才能看出这件事到底是否可行。"

无论选择上面两个中的哪一个，你都没有断然地拒绝他们，而是把主动权交回到他们的手中。在真心想要做这件事，但是实在抽不开身的情况下这样说，不仅能帮你解决主动权给你带来的压力，还让你用不着真正说出那个"不"字。

（2）拖延要针对具体情况

对方在情绪激动时，所提出的问题如果不能具体解决，往往容易陷入僵局，故对这类问题要加以回避。如果是个人的事，可说"这件事太复杂，先喝一杯再说"，这样表明态度，一时便于让对方稳下来，比两人争吵不休要好。在正式场合，比如，在开会时引起争吵的话题，会议主持人应先承认问题的重要性，然后说"这个问题太棘手，无法立刻回答"，从而牵制住对方；或说"这个问题，改天再说"，这种答复比拒绝要好，可有效缓和对方的激动情绪，让对方打消念头，不再

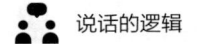

纠缠。

（3）不要拖延那些你已经承诺的事

如果已经承诺的事还一拖再拖，这种行为是不正确的。这里的拖延法指的是暂不给予答复，也就是说，当对方提出要求时，你迟迟没有答应，只是一再表示要研究研究或考虑考虑，那么，聪明的对方马上就能了解你是不太愿意答应的。

别人拜托你为他分担事情，表示他对你信任，只是自己有时由于某些理由无法相助罢了。但无论如何，仍要以谦虚的态度对待，别急着拒绝对方，仔细听完对方的要求后，如果真的没法帮忙，也别忘了说声"非常抱歉"。

逻辑口才

有些人在拒绝对方时，因感到不好意思而不敢据实言明，此时，你不妨采取拖延法，拒绝时先不要急切、直接地表达自己的立场与处境，让时间来冲淡一切。

第四章
巧言谢绝：说话有情有义有逻辑才能不伤人心

巧妙心理暗示，让对方知趣"撤退"

拒绝别人或被别人拒绝，是我们每个人都可能经历的事情。朋友、同事，甚至领导来找你帮忙，但有时他们所提出的要求是你没有能力或不愿意去做的，此时我们就要学会拒绝他们的请求。拒绝的话一向不好说，说不好就很容易得罪人。因此，拒绝他人时要讲究策略，最重要的一点就是含蓄委婉，最好采用暗示的方法。

杜鲁门刚刚担任美国总统的时候，他的一位朋友向他引荐某个人作为新内阁的成员。但是，杜鲁门从别的渠道了解到了这个人的品行极端恶劣，没有资格进入政府，因此就一直不表态。朋友实在是坐不住了，就忍不住生气地问他："为什么到现在内阁成员的名单还没有那个人的名字，是不是你看不起我？"杜鲁门对这位朋友说："我并没有丝毫看不起你的意思，只不过是我不喜欢他的长相罢了。"朋友一听，疑惑不已，问道："你这就有点儿吹毛求疵了吧？'长相'是父母给的，和他有什么关系呀？"杜鲁门说："并不是这样的，一个人四十岁之前的'长相'是靠父母，但是在四十岁之后就要自

说话的逻辑

己对那副'长相'负责了。"朋友终于明白了杜鲁门不让那人担当内阁成员的原因,就没有再多说什么,对杜鲁门也不存在任何的偏见和抱怨。

很显然,杜鲁门在拒绝朋友提议的时候,既表明了自己的态度,又充分地照顾了朋友的面子。如果他直言不讳地说"你举荐的那个人人品不行,作恶多端",那么,朋友心里就会觉得杜鲁门是在指桑骂槐,说自己和那个人一样品行不正,从而对他产生怨恨。

在交际中,善于拒绝者,既能使自己掌握主动,进退自如,又能给对方留足"面子",搭好台阶,使交际双方都免受尴尬之苦。即使他人的要求是无理的,这一方法也是通用的。

张小姐长得十分美丽,某客户一直对她十分爱慕。一天,客户又来到张小姐的公司,对她纠缠不休,因为该客户是公司的重要合作伙伴,所以张小姐不敢得罪他。随后,她灵机一动,笑吟吟地对客户说:"王总,要不待会儿我们三个人去拳击馆玩玩吧。"客户一愣:"拳击馆?我、你还有谁啊?"王小姐神秘地说:"我男朋友哇,他可是去年的业余拳击比赛冠军呢,而且是个喝酒外行、喝醋内行的家伙。"客户一听,愣了,说:"那你们去玩吧,我今天还有事。"说完,就灰溜溜地走了。

第四章
巧言谢绝：说话有情有义有逻辑才能不伤人心

张小姐利用幽默，既委婉地拒绝了客户的骚扰，又保住了客户的面子和自己的尊严。试想，如果她当时严厉回击或者委曲求全，结果都不会太好。她用幽默显示了自己的态度和智慧，同时软中带硬，让客户意识到自己的失礼，达到了避免其再来纠缠的目的。

在现实生活当中，在拒绝他人、对人提出异议时，就十分有必要采取这样一种心理策略。

此外，在生活中，特别是女性朋友经常会遇到不喜欢的人求爱。既然对男方没有好感，自然是要拒绝的。不过，一定要选择正确的拒绝方式，以免让对方下不了台。毕竟，喜欢一个人并不是谁的错，虽然做不成恋人，但是成为好朋友还是有可能的，也是有必要的。

刘敏是一位十分漂亮的姑娘，周围经常有很多的追求者，然而她对这些追求者都没有兴趣，当面对一些男子的求爱时，她都婉言表示拒绝。比如，她在拒绝一个小伙子的追求时这样说道："我听朋友们说你的人品很好，既孝顺老人，对朋友也是十分热心，通过这些日子和你的接触，证明他们所言不虚。能够和你成为朋友，我感到非常开心。您是一位聪明的人，是善解人意的。我知道在我说这句话的时候内心里也有着很大的遗憾和说不出的苦衷，请你一定要体谅我现在的处境，让我们永远做好朋友吧！"把话说到了这个分儿上，那个小伙子就很

说话的逻辑

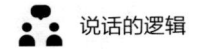

知趣地不再纠缠她了,并且对她的善解人意钦佩不已。

💬 逻辑口才

　　直接拒绝别人的话总是不好说出口,但拒绝的话又经常不得不说出口。这时,不妨用暗示法来拒绝,消除对方遭到拒绝时的不愉快感,使对方既能接受,也不伤和气,更不至于令对方难堪、丢脸。

第五章

掌握谈判中的逻辑技巧，让你在心理博弈中稳操胜券

在我们的生活中，人与人之间的沟通、谈话无处不在，比如，谈判、辩论等。与人交谈时，我们都希望达到自己的目的，而彼此都希望争夺主动权，谁能掌控好情势，谁就会是最后的赢家。那么，如何让谈话结果更有利于我们呢？这就需要我们懂得运用一些逻辑技巧，以此带领对方进入我们的思维逻辑中，才能获得优势，达成目的。

物喻术，让你的表达更生动

我们都知道，言谈的力量是巨大的，它可以把两个人由陌生变为熟悉，由熟悉变成知己甚至亲密的朋友。而中国是一个语言文化知识底蕴丰厚的国家，自古以来，人们就善于将平淡无奇或晦涩难懂的语言经过修饰后变得形象生动或易于理解。

然而，我们发现，那些不会说话的人，通常在说话的时候，语言干涩无味，让人听之昏昏欲睡，更没有继续交谈的欲望。而你如果能巧妙运用比喻的修辞手法，就能立刻让你的表达生动起来，这也就是物喻术。

假如你要对暗恋多年的心上人表达一种咫尺天涯的感觉，有两种说法：

第一种说法：我每天都跟你在一起，却从来不敢向你表白，我好痛苦哇……

第二种说法：我每天都跟你在一起，却不敢向你表白，就像在大海里漂流，口渴得要命，四周都是水，却偏偏一口都不能喝！今天，我终于鼓足了勇气，把海水变成了淡水，所以……

你觉得哪种更有效？肯定是第二种！那么，什么是比喻修辞呢？著名文学理论家乔纳森·卡勒将比喻定义为：比喻是认知的一种基本方式，通过把一种事物看成另一种事物而认识了它。也就是说，找到甲事物和乙事物的共同点，发现甲事物暗含在乙事物身上不为人所熟知的特征，而对甲事物有一个不同于往常的重新认识。

成健在一家建材公司工作，他来公司不到一年，就已经升职为采购主管。在公司的年会上，当大家谈到工作辛苦时，他开口说："今天我们已经算幸运的了，可以在这个豪华的酒店里享用美酒美食，而平时呢，我们的情况是：出门是兔子，办事是孙子，回来是骆驼。"

在场的所有同事听完后都哈哈大笑。

很明显，我们发现，故事中的成健在演讲时之所以能博得同事们一笑，是因为他那句颇有意蕴的比喻句："出门是兔子，办事是孙子，回来是骆驼"。"兔子"是指出门为了抢时间赶车赶船而跑得快；"孙子"是指为了买到所需货物而不惜请客送礼，点头哈腰地向人家求情；"骆驼"是指回来的时候不仅要办好货物托运，还要给亲朋好友买东西，负载很重。他用形象的比喻说明采购工作是个吃苦受累的活儿，让同事们产生了共鸣。

那么，说话中我们该怎样运用比喻这一修辞手法呢？

说话的逻辑

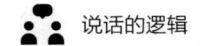

（1）解放思维，要充分发挥想象力

我们在说话时的语言之所以会平淡无奇，有时是因为我们束缚了自己的思维。而我们假如能在语言的训练中转换角度分析，比如，可以从意义方面入手，也可以从形式方面入手；可以着眼于词语，也可以着眼于句式。那么，我们就会发现，同样一句话会出现完全不同的表达效果。比如，讲话时，我们原本想赞美某个听众年轻美丽，通常我们会说："您皮肤真好……"但如果我们转换一种说法："我终于知道为什么人们会用'剥了壳的鸡蛋'来形容皮肤好了，原本还以为是夸张呢，今天算是见识到了。"这里运用的就是比喻的修辞手法，这样表达更显得生动灵活。当然，我们在表达之前最好作一番铺垫，否则会显得唐突。

（2）灵活运用，随机应变

生活中，有些人个性害羞内向，在公共场合不敢开口，更别说灵活运用语言的艺术了。一句话在普通场合和演讲场合所产生的效果是不同的，如果不能妥善运用，仍然无法发挥比喻修辞的妙处。

> **逻辑口才**
>
> 我们在表达的时候，若能正确运用比喻的修辞手法，一句普通的语言就会顿时形象、生动起来。

隐指术，悄悄影响对方的思维

生活中，与人谈话时经常会遇到一些不便直言的问题，比如，拒绝别人、指责对方等。如果不顾对方感受和情绪，把自己的想法强加给别人，不仅起不到我们预想的效果，还会恶化彼此之间的关系。此时，我们不妨尝试一下隐指术，委婉地暗示对方，这样对方在接受我们提供的选择和建议时也就会轻松得多。

曾经有一个关于A箱和B箱的实验，这一实验是曾经在电视或研讨会上所做的表演，演示者的目的是让大家更加深入地理解潜意识在沟通中的重要性。

"请你想象一下，这里有两个箱子，A箱和B箱。"演示者用手势指示了两个想象的箱子的位置。

"请你凭直觉立刻想象其中一个箱子。"

被要求的人会立刻回答说："嗯，A箱。"

"为什么选择A箱？"

"没什么，就是觉得……"

演示者带着微笑，非常理解地点头。"你以为是自己选择

说话的逻辑

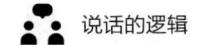

了A箱，其实不然。是'我'叫你'选择'A箱的。"

"你叫我选的？什么意思呢？"

后来，有很多演示者做了这样的心理控制实验，有很多人自愿参加。其实，我们也可以轻易让对方选择你所指定的箱子，秘密就在于你用手势指示箱子位置的时候。我们可以先用左手指示"这里有A箱"，再用右手指示"这里是B箱"。然后放下双手。接着问："如果要立刻选择的话，你会选择哪一个？"而在说到"立刻"时，要大胆举起左手指示A箱的位置。如此，"A箱"的印象就会跳进对方的潜意识里，在用直觉进行选择时，"A箱"较容易浮现在脑海。当然，对方在意识上完全不会察觉，所以会以为是自己无意中的选择。

另外，在人际交往中，出于各种原因，我们有时会反驳别人，这种事情如处理不当，轻则伤害对方，让对方难以接受，疏远彼此间的关系，重则得罪人，引发怒火。对此，我们要学会旁敲侧击，既表达自己的意思，又让对方轻松接受。利用话里藏话暗示他人是时刻离不开的社交技巧。

宋朝时期，有一个叫孙山的人和一个同乡一起上京赶考。到了发榜的那一天，孙山考中了进士，不过是最后一名，而他的同乡却落榜了。后来，他的同乡感觉脸上无光，就留在了京

第五章 掌握谈判中的逻辑技巧，让你在心理博弈中稳操胜券

城，而孙山则回到了家里。回到家后，那位同乡的父亲急切地向他打听儿子是否考中。孙山觉得，如果直言相告的话，同乡的父亲可能难以接受，自己也可能会落一个得意忘形的评价，于是，他就随口念了两句诗给那位同乡的父亲听："解名尽处是孙山，贤郎更在孙山外。"那位同乡的父亲听后明白了他的意思，就转身走了。

委婉暗示，让对方接受，我们还必须掌握三个基本功：

（1）会把握局势

首先，你要学会听出对方的话中话，然后加以揣摩，这其中会观察的能力很重要。毕竟，交流沟通时，很多人都喜欢用隐晦的语言、含沙射影地表达自己的弦外之音，即便是批评之意也不容易听出来。其次，你必须学会掌控交际局势。要让对方接受你的暗示，你就必须站在有理的一边。

（2）要委婉含蓄地表达自己

话要说得讲艺术，又让听话之人心领神会，明白你话中的锋芒所在。无论遇到的是针对你的敌人还是帮助你的友人，你都必须具备会暗示和说话含蓄的能力。

（3）尽量在善意的氛围中旁敲侧击

有些人虽然接受了我们的委婉暗示，但那是在逼不得已的情况下接受的，这种人一般主动避免和我们交流，这不是社交的最终目的。为此，我们要懂得在不伤感情的、善意

说话的逻辑

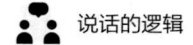

的氛围中暗示对方,让他既能接受,又能感激我们"口下留情"。

总之,使用隐指术的目的是调动潜意识的力量。因此,暗示的语言首先要精练,不能用复杂的语言进行描述,因为人的潜意识一般不懂得逻辑,喜欢直来直去。其次,一定要使用积极、肯定的语言,用肯定句进行暗示,尤其是在批评对方的时候,消极的语言暗示恐怕只会适得其反。

💬 **逻辑口才**

与人交谈时,我们就可以灵活运用隐指术,委婉地表达我们的想法,这是必备的说话能力。

巧施转移术，助你打破谈判僵局

人们参加谈判，都希望谈判能在自己的掌控下进行，但实际上，谈判总是充满了变数。进行谈判时，因为谈判双方利益的冲突或因为谈判的语言让人无法接受，谈判陷入僵局也是毫不意外的。每一位谈判者或早或晚都将面对谈判的困境。分歧的确令双方都非常难堪，但又很难避免其发生。双方要么沉默相对，要么索性终止谈判。这是双方都不愿看到的局面，也会给各自代表的利益方带来损失，对谈判个人来讲是时间上的浪费。那么，如何才能够化解矛盾、摆脱谈判僵局呢？

许多经验欠佳的谈判者在困境面前不知所措，认为谈判即将破裂，必定没有办法扭转局面，就完全丧失了继续下去的信心。其实，在实际谈判中，真正的僵局少之又少，很多困境是有办法解决的。

在谈判中，双方为一个话题争论不休，甲方说："我希望贵公司能对我们所提出的要求予以答复，否则我们之间没什么好谈的。"乙方代表则无奈地表示："关于这个问题，我已经说过很多次了，以我们公司的规模来说，确实没办法达到你们所提出的要求，希望你们能降低一些要求，这样我们双方之间也能达成一个协议。"听了乙方代表的回答，甲方代表摇摇头，说道："对于这些条件是没有任何商量余地的。"说完，甲方就打算起身离开了。

这时乙方代表中的一位先生开口说道："大家都说了一个上午了，恐怕肚子早饿了吧，我早就听说这酒楼有几道招牌菜，还没尝过呢，要不，咱们先吃饭，吃过饭再说这个问题。"听乙方这样一说，甲方代表点了点头，双方坐了下来，开始聊起了各地方的名菜。

等到吃完饭，下午双方代表重新理顺思路，再次进行了谈判。经过一定时间的休息，下午的谈判进行得很顺利，双方顺利地达成了一致。

眼见对方要起身离开，僵局已然形成，若是再不想办法进行挽救，那本次谈判就将宣告失败了。这时头脑灵活的乙方代表及时地转移了话题，让大家把注意力都放在了吃饭这个问题上，使得僵持的场面得到了缓和。

谈判专家指出，谈判僵局一旦处理不好，就有可能把谈判推向死胡同；相反，如果能够恰当地应用策略和方法，还是可以"起死回生"的。面对谈判僵局，"只剩下一小部分，放弃了多可惜""已经解决了这么多问题，让

第五章 掌握谈判中的逻辑技巧，让你在心理博弈中稳操胜券

我们再继续努力吧"，这些话语并不一定能起到打破僵局的作用。

具体来说，你可以这样转变话题：

（1）先在小问题上赢得对方的共识

可能你会问："如果谈判不能在重要问题上达成共识，为什么还要浪费时间讨论那些微不足道的问题呢？"而那些谈判高手却认为，一旦双方在那些看似微不足道的小问题上达成共识，对方就会变得更加容易被说服。

"我们先把这个问题放一放，讨论其他问题，可以吗？""我知道这对你很重要，但我们不妨把这个问题先放一放，讨论一下其他问题。比如，我们可以讨论一下这项工作的细节，你们希望我们使用工会员工吗？关于付款，你有什么建议？"

这样，你可以首先解决谈判中的许多小问题，并在最终讨论真正的重要问题之前为谈判积聚足够的能量。

（2）兜圈子

谈判过程中，谈判双方都有自己的立场，所以在运用兜圈子这一心理策略的时候，你需要记住，谈判绕了一个圈子、多走了一些弯路无伤大雅，但一定要成功地到达终点，达成双方都能接受的协议。也就是说，兜圈子的话题主旨不能改变，虽然不涉及正题，但必须与正题有关，不管绕多少圈子，牛鼻子始终不能放，做到"形散神不散"。

另外，话题的转移有相当的难度存在，需要我们有一定的语言技巧。转移术如果运用得不好，有时虽然能暂时缓和一下紧张的气氛，但对于大局并没有什么益处。因此，转移的话题必须视具体情况和对象因地制宜，就近转移，不能不着边际、随心所欲、风马牛不相及。

逻辑口才

当谈判陷入僵局时，双方都"不敢越雷池半步"，因为谁先表态，就可能意味着放弃谈判立场，此时更是体现了谈判者的说话水准。而你如果能巧妙转变话题，是能舒缓谈判气氛，重新赢得谈判主动权的。

举事实例证，让语言更有说服力

生活中，我们与人交谈、辩论、谈判的目的都是让对方接受我们的观点，但有些情况下，出于利益的对立，大多数时候对方对你都持怀疑态度，对你心存戒备。以商务谈判为例，要达成交易，就要让对方对你深信不疑，但有时你使出浑身解数，向客户展示产品的众多优点，可对方似乎不吃你那一套，但如果换种推销的方式，比如，向客户展示一些真实案例或摆出数字，便能消除客户的怀疑，从而加快客户购买的脚步。可以说，这种逻辑策略同样适用于任何交谈活动，只要我们巧妙加以运用。

在这个故事中，萨克斯巧借历史知识成功地说服了总统。古今中外，此类事例不胜枚举。让别人接受自己的观点、意见、办法等，是一种复杂而困难的行为。而要想成功说服对方，展现现实例证是最有力的方法。

在几年前，某报纸花费重金做了一项关于顾客们不喜欢零售商店的哪一方面的问卷调查。到目前为止，这大概是做的最科学、费用最昂贵的一项数字调查了，这项问卷被送往了16个

说话的逻辑

不同城市的54047个家庭。这项调查问卷中的问题之一就是："你不喜欢本镇商店的什么地方？"

在这一问题的答案中，大概有一半的答案都是一样的：无礼的店员。

通过这次调查，管理者对零售商后的情况有了更加清晰的了解，也以这次调查的结果为依据，进行了调查和改进。

可见，真实的事例是一种具有说服力的论据。比起那些空洞的承诺、抽象的产品质量报告，具体真实的事例显得更加形象生动。比如，你告诉对方："我们是奥运合作伙伴，这是我们的合作标识。"那么，对方不仅会欣然接受，还会深信不疑。又如，"某某500强企业一直在用我们的产品，到现在为止，已经和我们公司建立了5年零8个月的良好合作关系。"在说明的同时，用一些图片或是资料进行辅助证明，能发挥出最好的效果。

虽然用事实例证来说服对方和很多谈判技巧一样，具有推进谈判的作用，能增强语言的可信度，但是如果使用不当，同样会造成极为不利的后果。因此，我们在用事实进行证实的时候，可以从以下两个方面入手：

（1）用影响力较大的人物或事件说明

比如，"某明星××从××年开始就一直使用我们公司的护发产品，到现在为止，她已经和我们公司建立了5年零6个月的良好合作关系。"

（2）拿出权威机构的证实结果

比如，"本产品经过××协会的严格认证，又经过连续9个月的调查，××协会认为我们公司的产品完全符合国家标准。"

最重要的是，你给对方所举的案例一定要真实，否则就是搬起石头砸自己的脚，造成信任危机。

> **逻辑口才**
>
> 任何形式的谈话中，最忌毫无事实证据的论述。若你的言谈没有事实依据，对方就会心存疑虑，而如果我们能拿出现实例证，给对方吃一颗定心丸，自然会让你的语言更有说服力。

说话的逻辑

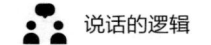

故纵术，欲擒故纵更能诱"敌"深入

很多恋爱高手会使用这样的一招：想要吸引你，却故意装出一副不理睬的样子，这样更加吸引了你的注意，他使用的就是逻辑技巧上的故纵术，也就是欲擒故纵。欲擒故纵中的"擒"和"纵"是一对矛盾。军事上，"擒"是目的，"纵"是方法。古人有"穷寇莫追"的说法，但实际上，不是不追，而是看怎样去追。把敌人逼急了，他只得破釜沉舟，拼命反扑。与其这样，不如暂时放松一步，使敌人丧失警惕，斗志松懈，然后再伺机而动，一举歼灭。这一逻辑技巧同样能运用到说话中，比如，在讨价还价中，当对方不同意你希望成交的价格时，你就可以掌握时机，正确地发挥自己主动权上的优势，使对方多加考虑你的还价。接下来的谈判，对你就会更有利了。

一家大航空公司要在纽约建立大的航空站，想要求电力公司优惠电价，但遭到了电力公司的拒绝，推脱说这是公共服务委员会不批准，因此，谈判陷入了僵局。

后来，航空公司索性不谈判了，声称自己建立发电厂更加划得来，不想再依靠电力公司，决定自己建发电厂。电力公司听到这一消息，立即改变了态度，请求公共服务委员会从中说情，表示给予优惠价格。

对于这个谈判，谈判开始时的主动权掌握在电力公司一方，因为航空公司有求于电力公司。当要求被拒绝后，航空公司便故意说自己有更好的选择，给电力公司施加压力，因为若失去给这家航空公司供电的生意，就意味着电力公司将损失一大笔金钱，所以电力公司急忙改变原来的态度，表示愿意以优惠的价格供电。这时，谈判的主动权又转移到航空公司一方了，迫使电力公司降低供电价格。这样，航空公司先退一步，然后前进两步，生意反而谈成了。

想要"擒住"他，不妨先"放纵"他，这就是故纵术，表面上采用与目标相反的行为，却最终达到目标的心理效应。通过顺从被擒者意愿的方式，让其遭受挫折、碰壁，纠正其认知，从而使其自觉接受自己的意图。我们常说的"欲将取之，必先予之"也有这层意思。

生活中，可以运用这一方法进行谈话的案例也有很多。当你以正面的、积极的方式去劝服或者遏制对方向你所希望的方向谈判时，你越是强硬甚至采取激烈的言辞，谈判结果越是事与愿违，对方的对抗性会更加强烈地喷发出来。你越是遏制，他人就越反抗，后果只会越严重。遏制绝不是解决问题的最好方法。如果换为欲擒故纵的方式，效果会更好。

当然，采取这一语言策略，还需要你注意：

（1）洞悉对方的底牌

以商业谈判为例，你如果是销售方，那么，要想让销售结果利于自己，就必须首先摸清客户的底牌，只有这样，才能在与客户交谈的时候更好地把握"纵"与"退让"的度。当然这并非易事，需要我们做足准备工作，通过各种途径来获知。

（2）制造假象

我们知道，"故纵"的根本目的在于"擒"，因此，在使用这一方法时，我们一定要积极地"纵"，更要注意手法的巧妙运用，一旦让对方看出我们的真实意图，这一方法就毫无作用了，甚至会弄巧成拙。为此，我们必须注意以下两点：

首先，要注意自己的态度。你最好保持不紧不慢、不温不火的态度，只有隐藏好自己的情绪，才能真正擒住对方。例如，在与对方交涉的日常安排上就不可急切。

其次，通过非正常渠道把信息透露给对方。因为人们通常有一种心理：越是从第三方处得来的信息，其真实性越不容置疑。借他人之口传达你要表达的信息，对于对方来说显得更真实。

（3）注意言谈与分寸

讲话要掌握火候，在"擒"对方的时候要注意态度，不可伤害和羞辱，否则会转移谈判焦点，使"纵"失控，甚至会引起争论。

第五章
掌握谈判中的逻辑技巧,让你在心理博弈中稳操胜券

> **逻辑口才**
>
> 故纵术即对于一些谈话场合,故意通过各种措施,让对方感到自己是满不在乎的态度,从而吊对方的胃口,让对方自动上钩。

说话的逻辑

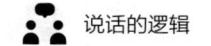

"返击法"，把问题重新"踢"给对方

我们在参加某些重要的谈话场合中会发现，对方在言语中对我们百般刁难，肆意制造各种难题来向我们施加压力，意在置我们于弱势地位，此时，我们最好的应对办法就是"以其人之道，还治其人之身"，即所谓的"返击法"。这里的"返击"并非"反击"，而重在"返"，也就是把问题重新"踢"给对方。

在一次集体活动中，当大家风尘仆仆地赶到事先预订的旅馆时，却被告知当晚因工作失误，原来订好的套房中的单独浴室竟没有热水。为了此事，领队找来了旅馆经理。

领队："对不起，这么晚还把您从家里请来。但大家满身是汗，不洗洗澡怎么行呢？何况我们预订时说好供应热水的呀！这事只有请您来解决了。"

经理："这事我也没有办法。锅炉工回家了，他忘了放水，我已叫他们打开了集体浴室，你们可以去洗。"

领队："是的，我们大家可以到集体浴室去洗澡，不过，话要讲清，套房一人300元一晚，是有单独浴室的。现在到集体浴室洗澡,那就等于降低到普通水平,我们只能照普通标准,一人降到100元付费了。"

经理:"那不行,那不行的!"

领队:"那只有供应套房浴室热水。"

经理:"我没有办法。"

领队:"您有办法!"

经理:"你说有什么办法?"

领队:"您有两个办法,一是把失职的锅炉工找回来;二是您可以给每个房间拎两桶热水。当然,我会配合您劝大家耐心等待。"

这次交涉的结果是经理派人找回了锅炉工,40分钟后,每间套房的浴室都有了热水。

上文中,领导的谈判方法是令人佩服的。针对对方始终拒绝的态度,他找出了对方言语间的漏洞:要么为他们提供热水,要么让收费降低至普通水平,显然,后者是不可能的。然后,他便乘胜追击,提出了自己本想提出的建议。而旅馆经理权衡之下,自然会选择后者。

那些口才好的人不管在何种场合遇到什么样的对手,都能唇枪舌剑,以超过常人的智慧应付自如,对方别想占到便宜。这是因为他们总是能洞察对方的心机,即使对方采取恶意的攻击,也能适时采取各种语言策略加以反击,而"巧设问题向对方发问"就是他们常用的手法之一。

而要做到这一点,很多时候就必须推翻对方现在的观点和借口,对此,你需要做到:

(1)保持警觉,察觉出对方言语中的攻击意味

一个猎手如果只知道带枪,而不知道如何瞄准、等待时机扣动扳机,那么他将永远也捕捉不到猎物。同样,"返击"之前,一定要先把对方的话语听明白,以便把握目标,瞄准靶子再放箭,这样才能既不滥杀无辜,也不放过小人。

这种应变对策还需要我们预先发现对方的攻击倾向,这就要求机变睿智,能够及时判断出对方下一步所要采取的手段,抢先给对方设置拦路板,使他的手段失去用武之地。

一旦听懂了对方的用意,发现对方有明显的攻击意味,你就要提高警觉,及时作出判断:一是反击要具有针对性,如果对方发动的是侮辱性攻击,那么,反击也是侮辱性的;如果对方发动的是讽刺性攻击,那么,反击也是讽刺性的。二是后发制人,迅速而巧妙地以其人之道还治其人之身。三是在方法上,捡起对方扔过来的石头,扔回给对方,或顺水推舟,巧妙地将矛头转向对方。

(2)把问题再"踢"给对方

当然,你不可能对任何人所抛出的问题都能防患于未然,"返击"的应变对策也适用于事后补救。如果对方提出的要求极不合理,你也可以用极苛刻或不切实际的提法

要求对方，如此一来，对方就不得不收敛起他那盛气凌人的态度。

> 💬 **逻辑口才**
>
> 　　活用"返击"这一语言策略，不仅可以在沟通中适时克敌制胜，还可以识破对方伎俩，不至于处于被动。而这一策略在实际谈判中应用较为复杂，谈判者也要根据实际情况因人而异、因时而异、灵活变动。

第六章

求人办事,
以逻辑为准绳让他人无法拒绝

人是社会的人,任何人都不可能不求助于人,真正成大事者,往往懂得借助他人的力量。而且,世上没有办不成的事,只有不会办事的人。一个会办事的人,可以在纷繁复杂的环境中轻松自如地驾驭人生局面,凡事逢凶化吉,把不可能的事变为可能,最终达成自己的目的。然而,怎样去求人,求什么样的人,也是大有学问的。为此,我们有必要学习一些求人办事的口才逻辑。

说话的逻辑

求人前巧妙铺垫，用自然的方式说出请求

生活中，人们都有这样的心理，对于那些关系一般或者不熟识的人都是心怀戒备的，并且也觉得没有必要答应对方的请求，而一旦对对方产生好感，并愿意与之结交后，对于对方提出的请求也就欣然答应了。因此，在求人办事时，倘若向特别要好和熟悉的人求助，可以直截了当。但当求助于关系一般的人、生人或社会地位较高的人时，则常常需要一个"导入"的过程。这个导入过程可长可短，视情况而定。

王小姐是一大型企业的总裁秘书，总裁的一切行程都由她安排，所以，谁要想见总裁，必须先经由她的安排。在工作的几年中，她受到很多保险、地产业务员的搭讪，这不，又有三个业务员来了。

第一个业务员对王小姐说："王小姐，你的衣服挺好看的。"此时，王小姐心里特想听听她的衣服好看在哪儿，结果，那位业务员却不再说了。王小姐心想，这夸赞一点儿也不真诚，真令人失望。

第二个业务员说："王小姐，你的衣服挺漂亮的。主要

是衣服搭配得好。"王小姐立刻想听自己的衣服哪里搭配得漂亮，结果也没有了下文，感觉话还是没有说到位。

第三个业务员说："王小姐，你的衣服挺漂亮的，总体看起来，真的很有个性。"事实上，王小姐已经没有了耐性，但还是想听听自己有什么样的个性。他接着说："你看，一般的白领穿衣服都很讲究衣服的职业性，但你不一样，你的衣服是定制的吧，在追求个性的同时又不失职业性……"王小姐一听，他居然能发现自己衣服的不同之处，心里挺高兴的，于是和老总美言了几句，结果签了一个十万元的单子。

第三个业务员之所以能打动王小姐，是因为他"踩在了前面两个人的肩膀上"。前面两个人已经对王小姐的服饰夸赞了一番，但没有让王小姐满意，而说出了独到的意见，自然会有与众不同的效果。

求人办事时，对方能不能答应你的要求，能不能全力帮助你把事情办成，关键在他心里是怎么想的。他的心里怎么想问题，就决定了他对你提出的事是给办还是不给办。一般来说，你如果和所求之人是陌生人或关系不熟，那么，你就不能急于切入正题，而应该先拉近双方的距离，让一切看起来水到渠成。

那么，具体来说，求人办事的过程中，我们该怎样逐步"导入"正题呢？

说话的逻辑

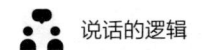

（1）先找到共同的话题

面对不熟悉的人，一开始最好不要开门见山地直述自己的目的，而要迂回地谈些其他事情，比如，天气、足球、服装、电影……从中找到共同的兴趣点，然后在共同感兴趣的话题上不露痕迹地、自然地转入正题，这样可以取得很好的效果。

（2）秉持"说三分，听七分"的原则

善于说话的人都强调"听"的重要性，听人说话的本意在于了解对方的心意，把握对方的想法和要求。而对方是商谈的主角，所以应让对方多说，以对方为中心，而自己多听，这样更能掌握对方的想法。

（3）"导入"正题时，注意运用对方更易接受的说法

即使内容和中心思想完全一样，由于说法不同，产生的效果可能会有所不同。有的可能会让人觉得亲切、易于接受，有的则让人觉得生硬。通常毫无变化地反复强调你的想法，未必能发挥太大的作用。

另外，还要尽量防止自己的话无意间冒犯对方。所以，在有求于人时，我们应事先对对方有所了解，若无意中让对方感到不满，岂非前功尽弃？

逻辑口才

人们对于自己不熟悉的人或事，往往都持有一种排

斥的心理。因此，任何请求，如果直截了当，会显得突兀，让对方难以接受，而如果我们能巧妙铺垫，然后再导入主题，对方会更易于接受。

说话的逻辑

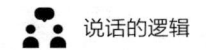

给对方戴高帽子，使其不好意思拒绝你

生活中，每个人都喜欢听好话，它会激发听者的自豪和骄傲。从我们自身来说，赞誉是求人办事最好的手段之一，我们赞誉的时候，可以先把对方捧高，让其不好意思拒绝我们的要求。比如，我们可以给对方一个超过事实的美名，这样在跟他说话的时候，他就会在心里觉得自己确实很值得人尊敬，对于我们的请求，他又怎么好意思拒绝呢？

有些人可能有着一副拒人千里之外的冷面孔，但是未必代表着他不是一个喜欢听好话的人，其实，他的内心也无时不在期盼着听到别人对他的高度评价。因此，在求人办事时，我们应该学会观察和把握别人的心理需求，发现和赞扬别人的优点，从而俘获对方的心，让他对我们产生好感。

清朝末年的大商人盛宣怀准备学习西方，在中国设立电报局。他的想法得到了李鸿章的肯定和帮助，但是，朝中以醇亲王为首的保守派对这件事却是持反对态度的。醇亲王是光绪皇帝的父亲，在朝廷中有着十分重要的影响力。为了说服他同意自己的建议，盛宣怀就买通了醇亲王府的门客"张师爷"，了

第六章 求人办事，以逻辑为准绳让他人无法拒绝

解到了醇亲王两个方面的情况：第一，醇亲王虽然和恭亲王是亲兄弟，但是在对待西方的问题上却是截然不同的两种态度，恭亲王强调"师夷长技以制夷"，而醇亲王则觉得西方的东西不过奇技淫巧而已。第二，醇亲王虽然好武，但又对读书十分感兴趣，以儒王自居。

盛宣怀了解这些情况之后，就花重金从别人手里买来了醇亲王的诗稿，下功夫背了下来。毕竟"诗以言志"，醇亲王的诗中难免会有其真情实感的流露，盛宣怀通过这些诗歌了解到了醇亲王的所思所想。等他准备妥当之后，就胸有成竹地来拜见醇亲王。"回王爷的话，电报本身并没有什么了不起，全靠活用，所谓'运用之妙，存乎一心'，如此而已。"醇亲王听到他竟然能够引用岳飞的话，脸色就缓和了下来，问道："你也读过兵书吗？"盛宣怀谨慎地回答说："在王爷面前，小人是不敢妄称读过兵书的，只不过眼下是多事之秋，西夷内犯，文宗皇帝仓皇西狩，积劳成疾，最后含恨而终。当时如果不是王爷您神武力擒八大臣，恐怕大局就不敢设想了。"听了这些话，醇亲王心中不禁高兴起来，便认真地听盛宣怀继续往下讲："国家多灾多难之际，有血性的忠臣孝子们都想洗雪国耻，也正是在那个时候，宣怀才不自量力，看了一两部兵书。只不过，受时运所限，不能上场杀敌，只好投身于商海之中。"盛宣怀每句话都说到了醇亲王的心里，把这位第一王爷捧得有点儿飘飘然了。趁热打铁的盛宣怀接着把电报的作用说

说话的逻辑

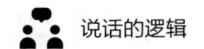

得神乎其神，最后说服了醇亲王，同意了让他督办电报事业。

因此，求人办事时，我们不妨也采取这一语言策略。人一旦获得肯定时，总会喜不自胜，在此基础上，你再提出自己的请求，对方自然就会爽快地答应下来。心理学家证实：心理上的亲和是别人接受你意见的开始，也是转变态度的开始。由此可知，求助者要想在求人办事的过程中取得成功，一个行之有效的方法就是给予其真诚的赞美。

那么，我们要怎样抬高对方呢？

（1）了解对方，给对方戴一顶最适合的"高帽子"

每个人都有其最自豪的地方，我们抬高别人之前，就要先找出对方最值得赞扬的地方，然后加以赞赏，必然会得到他的好感，说服他或请他帮忙也就不再是难事了。

（2）不着痕迹地夸大别人的优点

抬高别人，难免要把对方的优点加以拔高、放大。这样的话有明显的讨好之意，因此，我们在抬高别人的时候，一定要说得巧妙，最高明的做法是自然而然，在遵从事实的基础上不露痕迹。

（3）适当示弱寻求帮助

用商量的口吻向对方说出自己要办的事，这是一种巧妙的办法。装作自己没有任何把握，将建议与请求慢慢地表达出来，给对方和自己留下一条退路。比如说："这件事我办起来很困难，你试试如何？"

💬 逻辑口才

所谓的"恭维对方"，是指对所求之人恰到好处、实事求是地称赞，并不包括那种漫无边际、肉麻的吹捧。求人时，说点儿对方乐意听的话，顺便就与所求之事有关的方面称赞对方一下，也不失为一种求人的好办法。

说话的逻辑

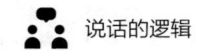

请将不如激将，引发对方胜负欲

有时候，我们求人办事时，正面劝说的结果似乎总是事与愿违。但我们可能忽视了一点，那就是人们都有不服输的逆反心理，越是被否定，越是要证明自己；越是受压迫，越是要反抗。如果我们告诉对方事情存在一定难度，可能办不到时，便能激起对方的挑战欲，从而愿意一试。

《三国演义》中有这样一个故事：

马超率兵攻打葭萌关的时候，张飞主动请求出战。

诸葛亮却佯装没听见，对刘备说："马超智勇双全，无人可敌，除非往荆州唤云长来，方能对敌。"

张飞说："军师为什么小瞧我？我曾单人独骑抗拒曹操百万大军，难道还怕马超这个匹夫！"

诸葛亮说："你在当阳桥抗曹，是因为曹操不知虚实，若知虚实你怎能安然无事？马超英勇无比，天下的人都知道，他在渭桥大战曹操，把曹操杀得割须弃袍，差一点儿丧命，绝非等闲之辈，就是云长来也未必能胜他。"

张飞说："我今天就去，如战胜不了马超，甘当军令！"

第六章
求人办事，以逻辑为准绳让他人无法拒绝

诸葛亮看激将法起了作用，便顺水推舟地说："你既然肯立军令状，便可以为先锋！"

实际上，在《三国演义》中，诸葛亮常用这种方法来"激"张飞，因为他深知张飞是个火暴脾气，于是，每当遇到重要战事，先说他担当不了此任，或说怕他贪杯酒后误事，激他立下军令状，增强他的责任感和紧迫感，激发他的斗志和勇气，消除他轻敌的思想。

求别人办事的时候，倘若能够明白对方属于哪种类型的人，说起话来就比较容易了。

1960年，美国黑人富豪约翰逊意欲在芝加哥为公司总部创建一所办公大楼，为此，他跑了多家银行，但始终没有贷到款。此时，问题的严重性在于承包商已经聘请好了，一切已经如火如荼地开始了，可工程所需费用还差500万美元。假如钱用完时他仍然拿不到抵押贷款，就只得停工待料。

这天，约翰逊和大都会人寿保险公司的一个主管在纽约市一起吃晚饭。

约翰逊拿出经常带在身边的一张蓝图。正准备将蓝图展开在餐桌上时，那位主管对他说："在这儿我们不便谈，明天到我的办公室来。"

第二天，当约翰逊断定大都会公司很有希望给他抵押贷

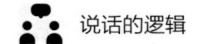

款时，说："好极了，唯一的问题是今天我就需要得到贷款的承诺。"

"你一定在开玩笑，我们从来没有在一天之内给过这样贷款的承诺。"主管回答。

约翰逊把椅子拉近主管，说道："你是这个部门的主管，也许你应该试试看你有无足够的权力，能把这件事在一天之内办妥。"

主管微笑着说："你这是让我为难，不过我还是试试看吧。"

结果非常理想，约翰逊成功地达到了自己的目的。

约翰逊的话明显是对那位主管能力和权威的一种挑战，尽管这位主管不一定真的有那么大的权力。但是，为了证明自己能完成这一有难度的任务，对方自然会答应。以激将法说服别人，务必找到并击中对方的要害，迫使他答应。就这件事来说，要害正是那位主管对他自己权力的威严感。

当然，我们在运用这一语言策略的时候，首先要了解对方，因人而用。要对对方的心理承受能力有所了解，如果激而无效，那也是白费力气。其次，说话要掌握"度"，语言不能过火。如果说话平淡，就不能产生激励效果，如果言语过于尖刻，就会让对方反感。因此，语言不能过急，也不能过缓。过急，欲速则不达；过缓，对方无动于衷，无法激起对方的自尊心，也就达不到目的。

总之，巧言激将，一定要根据不同的交谈对象，采用不同的激将法，才能收到满意的效果。交涉犹如治病，对症下药，才有疗效。

> **逻辑口才**
>
> 在求人办事的过程中，有时别人并不应允，如果只用直截了当的语言请求他们，他们也许会一再拒绝。在这种情况下，我们不妨直言事情的难度，以此来激发他们的挑战欲，尤其是他们的权威、能力受到了质疑的时候，他们的自尊心、自信心就会被激发起来。

说话的逻辑

求人办事，要舍得放下面子

　　一个人从踏入社会那一刻起，就意味着你必须学会如何说话，如何办事。办事、说话的能力怎样，也决定了这个人未来的人际关系和生存状况。世上没有办不成的事，只有不会办事的人。一个会办事的人，无论遇到什么困难，总会逢凶化吉，把不可能的事变为可能，最终达到自己的目的；一个会办事的人，总能通过自己的"手段"，把各种各样的事情协调得尽善尽美。人的一生，就是由各种大事小情组成的。因此，我们作为一个社会人，就必须明白，社会是一个集体，没有谁能活在自己的世界里，也没有谁能做到不求人。可见，要求人办事，你就必须舍得下面子，如果总是抱着"不为五斗米折腰"的态度，恐怕人生路也会越来越窄。

　　日常生活中有太多无奈，很多时候你不得不去求人。假如你是一个下属，希望能升职加薪；假如你是一名病人，希望能找到一个医术高超的医生解除你的病痛；假如你为工作发愁，希望能找到一份如意的工作；假如你急需用钱，希望能筹借到这笔钱……这许许多多、大大小小的愿望便构成了生活。生活会迫使你不得不去求助于别人，但有些人一提到求人就皱眉头，甚至羞于开口，他们对求人怀有一定的偏见，认为那必定要卑躬屈膝、低三下四。其实不然，人身处于社会，就不可能做到万事靠自己，寻求帮助是一种生存方式，而且，向别人求取帮助是以自尊、自重、自爱为前提的，是要做到求而不卑、求而不倚，也没有什么丢脸的，所以求人办事，一定要舍得下面子。

因此，生活中的人们，当你求人办事的时候，你就必须放下面子，而是否能得到别人的援手，在很大程度上又取决于你有没有求人的技巧和策略。对此，我们应该从以下五个方面努力：

（1）过心理这一关

这里的心理关指的是，年轻人既然不能不求人，不如收敛一下自己的个性，大大方方地去求人，既不要贬低自己，也不要摆架子、虚张声势，摆正心态，才能真正做到姿态上的不偏不倚，将自己真正融入社会中。

（2）放低姿态，适当请求

求人办事，虽说不能低三下四，但毕竟是求人，肯定是要放低姿态的，要给足对方余地，不能把求人的话说死。为此，我们可以用商量的口吻向对方说出自己要办的事，比如说："我对这件事非常不擅长，你可以帮我个忙吗？"这是一种巧妙的办法。

（3）要礼貌客气，让对方乐于接受

礼貌待人，这是求人成功的先决条件。一般人际交往，即

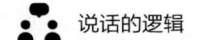

使不求人，也要客客气气、待人以礼。如果有求于人，就更应该多些礼貌，这样对方才能对你所求给予考虑。求人如果不懂得讲究礼貌，人家即使有能力帮你的忙，也会因为你的自以为是而拒绝你。为此，年轻人切记讲究礼节。

（4）有耐心

在生活中，无论做什么事，都存在一定的难度，求人办事更是如此。我们求助于别人，就要做好被拒绝的准备。一旦对方表现出拒绝之意，也不要立即放弃，一定要有耐心，只有这样，才有可能求人成功。

（5）豁达大度，不抱成见

求人办事，谁都希望事情能顺利办成，但我们也要知足，如果别人因为有难处或者其他原因不能为你办事或者没有办好事，你都应予以理解。并且，如果被人拒绝，也不可过分追究原因，不可过分坚持自己的请求。别人拒绝，肯定有其原因，你过分坚持，别人为难，你自己也会陷入被动。同时，你也不必问太多被拒的原因，因为这样必会破坏双方感情。因此，即使被人拒绝，也要做到豁达大度、不抱成见。

> **逻辑口才**
>
> 　　人生在世，既有风雨也有晴天，所以任何人都需要别人的帮助。所以年轻人在求人办事的时候，要适当放下面子，但同时要做到求而不卑、求而不倚。

第六章 求人办事，以逻辑为准绳让他人无法拒绝

互惠原则，以利益为导向让对方帮助你

我们都知道这样的人情常理：滴水之恩，当涌泉相报，别人给我一倍的东西，我会给他两倍甚至更多的东西。这种现象被称为互惠原则。

所谓"互惠原则"，是指受人恩惠就要回报。生活中，人们经常会回报他人为自己所付出的一切，你怎样对待别人，别人就会怎样对待你。当人们给予他人好处后，就会希望能够通过同一方式或者其他方式还这份人情。因此，根据这一心理原则，我们可以得出求人办事中的一个心理策略，那就是求人前，先让对方看到自己的回报之心，让对方觉得自己的付出值得，对方自然会对我们伸出援手。

某服装店销售员正在给一位偏胖的女顾客销售裤子，顾客对自己的身材不够满意，觉得自己穿不下这条裤子，因此不太愿意试穿。这时销售员拿出了一条比顾客尺码大一号的裤子，极力劝说她去试穿。顾客试穿之后，觉得裤子尺码偏大，销售员便热情地给她拿了另一条裤子。顾客试了之后正合适，销售员也对试穿效果赞不绝口，连连夸赞顾客是如此适合这条裤

说话的逻辑

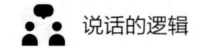

子。女顾客也觉得销售员的态度十分友善,高高兴兴地买下了这条裤子。

千万不要小瞧这个看上去似乎多此一举的做法,事实上,它已经提高了这条裤子成功售出的概率。每个人都是爱美的,销售员抓住了顾客这一心理,让顾客暗自觉得自己并不胖,进而提高了对裤子的满意感。销售员热情周到的服务让顾客感到心情舒畅,因此愿意在这家商店消费,这也是互惠原理的一种体现。

的确,有些人求人办事时,态度一定会低三下四,让对方可怜,好像只有这样才容易获得救助。但是这种人对方可能见得比较多,也就见怪不怪了。而如果我们能主动展现出我们自身的能力,让其看得到日后的回报,往往更能让对方愿意伸出援助之手。那么,具体来说,我们该怎样运用互惠原则来求人办事呢?

(1)让对方看到你的潜力

比如,在谈判桌上,你十分希望对方与己方签订协议,那么,与其刻意地恭维对方,倒不如底气十足地向对方提出请求,并可以在无意识中表明已有其他合作方有与己方合作的意图,这样既在无形中抬高了己方的身价,又会让对方对己方刮目相看。如此一来,事情自然好办多了。

很多场合,双方情况都是虚虚实实,谁也无法完全摸清对方的底细。在这种情况下，你如果实力弱而又想借助对方的力量的话，那你就应该多展露自己的优势，至少给对方一个你实力强大的印象，让对方看到你潜在的实力，进而愿意助你一臂之力。

（2）承诺给予对方一定的利益

其实，人们在遇到他人求助于自己的时候，总是会衡量自己帮助他是否值得？我能得到什么好处？他会不会记得我帮助过他？在这些疑问存在的情况下，人们是不愿意果断帮助你的，此时，如果你对其许下承诺，保证会给其一定的报答，那就等于给其吃了一粒定心丸。

逻辑口才

很多情况下，一些人在对你没有足够的信任时，是不会对你伸出援助之手的。如果你一反常规，多谈及对方在帮助你之后会获得的利益，在综合权衡之下，对方答应请求的概率就会大大增加。

说话的逻辑

求人要真诚大方，不必羞怯

人生在世，没有谁单独地活在自己的世界里，社会是一个集体，许多事少不了求助别人，为此，你就必须学会说话、办事，舍得下面子，如果羞于表达的话，恐怕没有人会愿意答应你的请求。从心理学的角度看，谁都愿意听顺耳的话，何况是在被人求的时候。而且，对那些大胆、真诚、说话情真意切的人，人们往往更愿意伸出援助之手。

求人有多种多样的方式，其中大部分都是由口头提出的。人们不难发现，同样的请求内容，不同的人用不同的方法和语言表达出来，得到的结果常常是不一样的。那么，怎样开口才更显真诚呢？

（1）求人要诚恳

所谓诚恳是指要让被请求者感到你是发自内心地求助于他，从而重视你的请求。这是求人成功的先决条件。

（2）求人语言要做到礼貌

所谓礼貌，是指应该尽量选用被请求者乐意接受的称呼，像在问路、请求让座时，这一点就显得非常重要。问路时，称对方为"老头""小孩儿"，那你肯定一无所获；若改用"老人家""小朋友"等，效果就会更好。有这样一个故事：

有个年轻人骑马赶路，见一位老汉在路边休息，他便在马上高声喊道："喂！老头儿，离客店还有多远？"老汉回答："五里！"年轻人策马飞奔，急忙赶路去了。结果一口气跑了十多里，仍不见人烟。他暗想，这老头儿真可恶，说谎话骗人，非得回去教训他一下不可。他一边想着，一边自言自语道："五里，五里，什么五里？"猛然，他醒悟过来了，这"五里"，不就是"无礼"的谐音吗？于是，他掉转马头往回赶，追上了那位老人，急忙翻身下马，恭敬地叫声"老大爷"，话没说完，老人便说："天已黑了，如不嫌弃，可到我家一住。"

这是一则流传很广的故事，它通俗而明白地告诉人们，在人际交往过程中说话要讲究礼貌的重要性。

（3）不强加于人

不强加于人是指不用命令、祈使的语气，而多用委婉、征询的语气。例如，尽可能地使用"麻烦……""劳驾……""可以……吗"这类句式，即使对相识者也一定要注重礼节。

（4）求人时，语言一定要简明扼要

不需要刻意雕琢言语、故意咬文嚼字，要尽量抛弃那些造作的、文绉绉的词汇；要有真意、不粉饰、少做作，表现朴素、自然，以平易近人的语言把话说得自然、通畅。

世界著名演讲艺术家弗尔特说："你应该时常说话，但不必说得太长。少叙述故事，除了真正贴切而简短之外，不讲为妙。"

简明扼要的表达能力是赢得他人侧耳倾听的基础。同时，还要忌讳说话含糊其辞。语言表达必须准确，说话前要谨慎思考，避免过于犀利或不文雅的言语。

（5）避开忌讳

每个人因个性和生活经历不同，对某些言辞和举动有所顾忌，因此千万不要去冒犯。《孙子兵法》提出："知己知彼，百战不殆。"这句话同样适用于求人的技巧。当我们有求于人的时候，首先不妨对那个人的嗜好、性情、学识和经历等做一番调查，然后从容前往，将会得到意想不到的效果。

（6）求人要展现礼数

中国自古以来就是一个注重礼仪的国家，就算是在求人办事的时候，同样应该注意其中的礼节。

礼数周全的人肯定是一个着眼于细微之处的谨慎之人，而且肯定是非常能控制自己情绪的人，不会直接让自己的情绪写在脸上，就算是对方不答应自己的请求，他也不会多加抱怨，而是优雅地离开，不会苦苦纠缠对方。如果对方真的帮助自己做成了某件事情，他更不会高兴得忘乎所以，而是依然冷静地向对方表示感谢，同时只要自己有条件，第一时间一定会还上对方的这笔人情债。因为他知道，只有尽早还上这笔人情债，表现自己的真诚，下次在求别人帮助的时候才会好开口。如果不尽早地还上这笔人情债，可能对方就不会再帮助自己，这些都是非常重要的礼仪。

> **逻辑口才**
>
> 我们在求人办事的时候，一定要尽显真诚，而不可卑躬屈膝，也不能羞于表达。求人帮助正确的做法就是做到不卑不亢、礼貌周全。

说话的逻辑

"软磨硬泡法"，用诚意打动对方

　　一些人在求人办事的过程中，一旦遭到对方拒绝便失去了信心，其实，这样是什么事都办不成的。常言道：人心都是肉长的。求人办事的过程中，不管对方态度有多坚决，只要你善于用行动证明自己的诚意、表明自己坚决的态度，那么，对方必定会给你机会，从而把固执的心门打开，这时你就成功了。

　　所以，我们可以认为，软磨硬泡法也是一种逻辑技巧，只要有耐心，总会让对方感受到自己对于这件事的重要性。

　　也许你会问，软磨硬泡不就是死皮赖脸吗？实则不然，软磨硬泡立足于韧性与耐心，着眼于感化对方，"精诚所至，金石为开"就是这个道理。因此，在求人办事时，你应该学会克服害羞和自卑，主动出击，不达目的誓不罢休。

　　毕加索的妻子弗朗索瓦兹·吉洛特很喜欢绘画，而且在画画的时候不喜欢被别人打扰。一次，儿子小科劳德想让妈妈带他出去玩，可吉洛特已全身心投入绘画中，听到敲门声和儿子的喊声，只是简单地回应了一声"哎"，之后接着埋头作画。儿子没放弃，接着又说："妈妈，我爱你。"可得到的回应也只是:"我也爱你呀,我的宝贝儿。"而门并没有打开。儿子又说:"我喜欢你的画,妈妈。"吉洛特高兴了,她答道:"谢谢!我的心肝儿宝贝,你真是个小天使。"但是吉洛特仍旧没有开门。儿子又说:"妈妈,你画得太好看了。"这时,吉洛特停下笔,却仍然没有开门的意思。儿子继续说:"妈妈,你画得比爸爸画得还好。"吉洛特知道,自己的画肯定不及丈夫画得好,但儿子那夸张的评价让她感受到了出去玩的急切心情。吉洛特终于把门打开了,答应陪儿子一块儿出去玩。

小科劳德正是用软磨硬泡的办法敲开了专心作画的母亲的门。

所以,求人办事,我们同样可以运用这种方法敲开对方的心门。中国人都好情面,许多事情经过软磨硬泡就可以办到。很多时候,我们所求之事明明合理,可是正常渠道走不通,这时,只有多"磨"才能办成想办的事。

需要指出的是,"软磨硬泡"不是消极地耗费时间,也不是硬和人家耍无赖,而是要善于采取积极的行动影响对方、感化对方,促进事态向好的方向转化。有时候,对方拖着不办,并不是不想办,而是有实际困难,或心有所疑。这时,你若仅仅靠软磨硬泡则很难奏效,甚至会让对方很烦,更不利于办事。为此,你要学会运用嘴巴上的功夫,要善解人意,抓住问

说话的逻辑

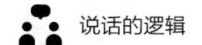

题的症结，巧用语言攻心。

这种方法表面上看很简单，但并不容易做好。要想用此方法达到求人的目的，需要把握好以下两个条件：

（1）控制好自己的情绪，要有打持久战的准备

生活中，一些性格急躁的人在求人办事时会表现出这样的缺点，一旦对方拒绝就失意、烦躁甚至发火，其实，这样都无益于事情的解决。你要学会深呼吸，告诉自己要冷静下来。不羞不怒就是对对方处境的理解。此时，你就站在了主动的位置上，可以方寸不乱，调动自己全部的聪明才智，想方设法去突破僵局。

（2）舍得花费时间

另外，"软磨硬泡"打的就是一场持久战，需要的就是时间，而时间恰恰就是一种武器，你只要有足够的耐心，这场战争就一定能胜利。所以，你一定要沉住气，耐心地牺牲一点儿时间，成功就会等着你！

"赞美""请求""硬磨"三种方法是一套"组合拳"，缺少一种都达不到让他心软的效果，也就难以得到你想要的结果。

💬 逻辑口才

"软磨硬泡"是一种求人办事的诀窍，它能以消极的形式获得积极的效果，表现出自己不达目的不罢休的

> 决心和毅力，给对方施加压力，从而增加接触机会，更充分地表明自己的态度、思想和感情，以影响对方的态度、达到成功求人的目的。

第七章

批评的逻辑：
批评时要顾及他人心理

　　生活中，面对他人的错误，我们往往需要对其进行批评，然而，谁都不喜欢被批评，所以我们需要掌握批评的逻辑，要顺势而为，这样就会产生一种推进力，相反，如果一味消极地指责，产生的往往是阻力。就像是一个正在上坡的人，如果是给他喊加油，就相当于是向上拉他一把，可以让他更容易地越过陡坡。相反，如果是讥讽和打击，则往往会让他泄气，下滑到坡底。

说话的逻辑

鼓励代替批评，表达你对对方的期望

生活中，我们在很多场合下需要批评他人，批评不是目的，只是方法，是为了指正对方，让对方做得更好。为此，我们若希望对方接受我们的批评指正，可以用鼓励代替批评，以此暗示对方："你要有信心，你会做得更好。"心理学家研究表明：当一个人被人批评的时候，往往内心会产生恐惧和担忧，还会因此而怀疑自己，容易产生自卑的心理，不利于改正和提高。相反，当受到鼓励的时候，内心的恐惧和担忧会慢慢消除，让对方在对自己深信不疑的前提下，继续进步和努力。可见，在一个人犯错的时候，鼓励要胜于批评。

被誉为天才教练的蓝柏第挑出了一位身材高大的后卫，叫作卫杰瑞。可是在比赛中，卫杰瑞屡屡失误，以至于被迫下场。队友把他叫到跟前，训斥说："你是个失败的运动员，你没能阻止住对方的进攻，你完了！"后卫沮丧地走进了更衣室。不一会儿，当蓝柏第走进更衣室的时候，看到后卫在低头哭泣。他走上前去，用手臂环绕在后卫的肩膀上，说："孩子，你确实天赋不高，然而，凭良心说，我应该告诉你，你自己的内心中有一个伟大的橄榄球运动员,我正要紧紧地抱住你,直到你内心中的运动员有机会站出来,并且承认他是一个伟大的橄榄球运动员为止。"这些话让卫杰瑞感动不已。

面对后卫卫杰瑞的拙劣表现,蓝柏第并没有指责他,而是改用鼓励的方式,让他对自己充满信心。事实上,也正是因为有了蓝柏第的鼓励,才出现了一位优秀的球星。

这天,女儿正在专心致志地练习书法。爸爸走上来看了一眼,抚摸着女儿的头,说:"很不错,继续努力。"听到这话以后,女儿的心里美滋滋的,练起字来更加认真仔细了。过了几分钟,妈妈凑上来看了一眼,说:"真难看,你已经上二年级了,字还写得这么难看,我在你这么大的时候,字写得可漂亮了。"女儿很不高兴,嘟囔着说:"爸爸都说我写得好看呢。"妈妈笑着说:"那是因为你爸爸怕你不高兴,才这么说的。"女儿生气地把笔一扔,说:"我不写了。"

同样是对女儿的指导,爸爸用了鼓励的方式,妈妈用了批评的方式,结果截然相反。可见,用鼓励的言语指出别人的不足,能更好地达到促使对方进步的目的。

那么,究竟如何用鼓励的言语去批评对方呢?

说话的逻辑

（1）肯定对方的积极态度

不管对方是犯了错误，还是失败了，其努力付出是确实存在的。这时候，与其去指责别人，倒不如肯定对方的积极态度，让他更加有信心。比如，代表班级参加比赛的同学没有拿到名次，不要怪罪他能力不行，而要肯定他的努力付出，这样，对方内心的愧疚和难受也会适当减弱。

（2）说出你的希望和寄托

尽管别人的表现与你期望的还有一段距离，但是这时不要责怪别人，而要肯定对方，同时把你的希望和寄托说出来，让对方明白自己还有多少不足。比如，孩子的字写得很难看，你与其指责，不如说："你已经写得不错了，要是再耐心一些、认真一些，效果会更好。"这样，你的鼓励会让孩子更加有信心。

（3）为对方构建一幅蓝图

很多时候，人之所以不懈努力，是因为对自己的优秀深信不疑。当对方做错了事情，或者是遭遇到了挫折时，与其批评指责，不如告诉他，他是个了不起的人物，这样，他的心里会重新燃起熊熊烈火。事实证明，信心对一个人的成功有非常重要的作用。所以，在关键时候，我们不妨为对方构建一幅蓝图，让他对自己充满信心。

第七章
批评的逻辑：批评时要顾及他人心理

> **💬 逻辑口才**
>
> 　　当一个人做错事之后，内心更渴望得到别人的理解和鼓励，而不是严厉斥责。鼓励能让人重拾信心，而斥责则会让人更加灰心。

说话的逻辑

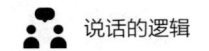

开点儿玩笑，让批评充满风趣

生活中，我们在需要指出他人的错误时却发现，如果直接指出，可能会带来一些负面结果，比如，伤害对方自尊心、伤害彼此间的友谊、让对方没面子等。此时，如果我们能以开玩笑的方式和对方说点儿俏皮话，便能起到暗示对方、让对方认识到错误的效果。

从前，有个人请客，酒席间有一位客人，刚一举杯就放声大哭。

主人忙问："老兄为何临饮而哭？"客人回答说："我平生最爱的就是酒，如今酒已死了，为何不悲不哭？"

主人笑道："老兄差矣，酒怎么会死呢？"

客人故作沉痛的样子说："既然没死，为啥没有一点儿酒气？"于是，满座哗然。

这则故事中，客人发现主人吝啬，没有用好酒待客，但他并没有直说，而是故意放声大哭诱发主人的疑问：为何临饮而哭？接下来，他依然不回答主人的问题，将主人的胃口吊高，

第七章
批评的逻辑：批评时要顾及他人心理

最后才表明没有"酒气"，这样旁敲侧击，真可谓迷离藏趣，令人会心一笑。

现实生活中，如果我们自身是被批评的对象，当自己受到批评的第一刻，往往也会有这样的反应："我真的错了吗？"紧接着，我们就会在内心深处开始找理由为自己辩解。即使批评者苦口婆心地劝说，我们也不可能听进去。而如果我们自己领悟到错误，那么，我们接受错误所花的时间与精力将会相对减少很多。从这里，我们能够得出一个启示，批评他人，哪怕是正确批评，一定要考虑对方的心理，要善于运用对方易于接受的方式来表达。而在运用幽默法批评他人时，选择将错就错、让对方自己领悟错误的方法，无疑是一种效率极高的批评方式。

美国军队有一条规定，军人一律不得蓄长发。而黑格将军担任北约部队总司令时，却蓄着长长的头发。

有一名被禁止留长发的美国士兵，看到画报上登载着长发的黑格将军像，便把它撕下来，贴在了不许他留长发的办公室的门上。为了表示抗议，他还画了一个箭头，指着总司令的头发，写了一行字：请看他的头发！

少校看见了这份别出心裁的抗议书，没有把这个愤愤不平的小兵喊来训斥一通，而是将那箭头延长，指向总司令的领章，也写了一行字：请看他的官衔！

说话的逻辑

这里，少校这样答复小兵的抗议是很幽默的。他并没有指明小兵的做法是错误的，而是采用与小兵相同的"说话方式"，让小兵认识到自己的抗议是无效的。

另外，你如果过激地批评了他人，那么，你一定要幽默风趣地给对方设置一个台阶下，这样便能迅速解除尴尬，得到他人的理解和配合。

一次英语课上，老师正拿着粉笔在黑板上书写句式，坐在前排的学生李岩觉得很无聊，就跟旁边的同学叽叽喳喳地说话。这下老师生气了，回过头说："李岩，你知不知道自己的行为影响了课堂纪律？"李岩觉得很没面子，就低着头玩起了自己的钢笔，并不自觉地用钢笔敲打起课桌来。

老师发现自己刚才的话可能让李岩有点儿难以接受，于是又接着说了句："李岩，英语课是不需要伴奏的。"老师头也没回地说道，说完继续奋笔疾书。

瞬间，满堂的同学都被逗笑了，包括李岩本人。他不好意思地停止了敲打，并且还冲老师做了个鬼脸。

没想到，老师这时却又回头了，刚好看到了李岩的鬼脸，她莞尔一笑，一边模仿李岩的鬼脸，一边顺势说道："make faces（做鬼脸）！"

就这样，李岩有了台阶下，全班同学也无意中学会了一个新的英语短语。

第七章
批评的逻辑：批评时要顾及他人心理

可见，幽默风趣的语言能挽救由过激批评而导致的尴尬后果，能把原本严肃的事情变成一个玩笑，让人比较容易接受，也不会产生抵触情绪。

💬 **逻辑口才**

当我们试图指出他人错误，却又发现这一做法可能会导致对方的抵触情绪时，就不妨说点儿俏皮话，让对方听出我们的言外之意，自己认识到错误，从而加以改正。

说话的逻辑

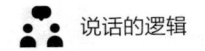

点到为止，使对方心领神会

批评是一件严肃的事情，但这与让被批评者发出欢快的笑声并不排斥。委婉含蓄、点到为止，使对方心领神会，能让被批评者在轻松的笑声中接受批评教育、认识自己的缺点和错误，这是开展批评的有效方法。

战国时期，齐景公的一匹爱马死去了，一怒之下，他声称要杀掉马夫。众位大臣一再劝说不要随便动用私刑，可是齐景公就是不听。这时候，国相站出来厉声喝道："这个可恶的马夫，该杀！"国相一口气列出了马夫的罪状："你惹怒了君王，致使他因为一匹马而杀了你，让天下人都知道我们的国君爱马胜过爱人，让别人看不起我们的国君。真是罪不容恕。"齐景公听后，脸上青一阵红一阵，不再提杀马夫的事情了。

国相并没有直接指责国君，而是通过斥责马夫，把国君的过错转嫁到马夫的身上，让国君听了之后立即意识到自己的错误。

因此，你的批评是否"成功"，很大程度上取决于你批

第七章
批评的逻辑：批评时要顾及他人心理

评的"度"的把握。没有人喜欢被批评，不要相信"闻过则喜"。如果一味地指责别人，那么，除了别人的厌恶和不满外，你将一无所获。然而，你如果能够让对方感觉到你是来解决问题、纠正错误的，而不是来发泄不满的，那么，你将会获得成功。这里有几点小建议：

（1）不要在众人面前批评

被批评是一种对别人的否定，因此，没有人喜欢被批评，更没有人喜欢被当众批评。这种否定越是被第三者看到或者听到，被批评者越是无法接受。因此，从被批评者的面子角度考虑，我们要尽可能避免第三者在场。在这种时候，你的语气越"温柔"，越容易让人接受。

因此，即使是批评，也一定要与对方直接交涉，尽量以私密的形式传达。你如果希望批评能够产生效果，绝对不可让对方产生抗拒。因为批评是为了获得良好的结果，而不是让对方的自尊心受挫。

（2）先赞扬对方，再指出错误

先称赞对方，给予对方亲切的态度，会帮助你与被批评者之间建立良好的关系，这样，即使你对对方进行批评，他也能感受到你的批评是为了助其改正缺点，是一种帮助。而如果你尚未开始批评，便横眉冷对，破口大骂，对方会立即产生一种反抗心理，不愿倾听别人的意见。称赞能使对方兴奋，能打开对方的心扉，也能使你发现对方的许多优点，而当你批评他

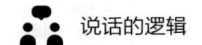

时，他必然会欣然接受。

（3）对事不对人

人无完人，谁都会犯错误，犯错并不代表这个人如何，错的只是行为本身，而不是某个人。一定要记住：永远不要批评"人"，批评时一定要针对事情本身，而不要针对人，更不要批评对方的人格。

（4）为对方提供解决问题的明确方法

任何批评，如果只是为了批评，那必定无法产生积极效果。令人心服口服的批评，必当建立在指点迷津的基础上，你要告诉对方错在哪里，该如何改正。要让他明白，你不是想追究谁的责任，只是想解决问题，而且你有能力解决。

（5）在友好的气氛中结束

在批评结束的时候，如果对方还心有不甘或者心生怒意，这样的批评就不是成功的。因此，不要在事情还没解决时就搁置下来，到后来才讨论，而应该在有了结论之后即刻结束批评。面谈结束时，必须好好安慰对方，因为留给对方的最后印象非常重要——要让他感觉到安慰而不是责骂，这样才能收到较好的效果。

不过，有一点尤其需要注意，那就是切忌背后批评。如果你在背后批评他人，哪怕语言再幽默、犀利，也难免把人家的隐私散播出去，搞得别人下不了台，而且这样会让对方误以为你别有用心。所以，批评要当面，幽默要恰到好处，只有这样，才能消除误会，从而顺利地交流。

💬 **逻辑口才**

　　批评的目的不是把别人说得体无完肤，而是引导其改正错误。因此，在表达批评时，要点到为止，让别人意识到错误就完全可以了，千万不要纠结个没完没了，引起别人的怨恨。

说话的逻辑

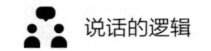

忠言也能"顺耳",委婉地说出批评

人无完人。在这个世界上,没有人不会犯错误。生活中,我们常常需要指出他人的错误,而且在错误面前,你可能会忍不住大发雷霆,但狂风暴雨过后,你却沮丧地发现,你的"善意"并没有被对方所接受,甚至换来的结果可能让你追悔莫及。批评对谁来说都不是一件让人愉快的事,也没有谁喜欢被他人否定,但是如果我们能够掌握批评的技巧和方法,批评的忠言也会"顺耳"。

俗话说:"树怕剥皮,人怕伤心。"受到批评,心里就会受到伤害,当一个人承受的伤害超过了"限度"之后,就会出现反击的行为。可见,批评别人的时候一定要把握好这个度,不可直言批评对方。

其实,生活中这样的例子非常多。

一个男孩和女孩约会,结果男孩临时有事给耽误了,当他匆匆忙忙赶到约会地点的时候,女孩非常生气,她严厉地说:"你怎么现在才来啊?"男孩一个劲儿地道歉,女孩却不依不饶。男孩有些不高兴地说:"我不是给你打过电话了吗?"见

第七章
批评的逻辑：批评时要顾及他人心理

男孩辩解，女孩气呼呼地说："你说话不算话，你还是不是男人啊？"听到这话，男孩狠狠地把为女孩买的冰糖葫芦砸在了地上，扬长而去。

很显然，女孩的话严重地伤害了男孩的尊严。由此可见，在表达批评的时候一定要有个度，不要随便伤害别人的自尊。

在中国的教育界，有个家喻户晓的名字——陶行知。

陶行知在一所学校当校长时，有个调皮的学生叫王友，他是出了名的孩子王，经常捣乱，周围的同学都常常躲着他。

一天，课间时间，陶行知看到他用土块砸同学，立即阻止了他，并告诉他一会儿来趟校长办公室。

放学后，陶行知早早地就看到王友站在校长办公室门外，却一直不敢进去，陶行知主动叫他进入办公室。

被叫到校长办公室肯定不是什么好事，王友已经准备被校长骂了。但谁知道，一见面，陶行知并没有开口责备，而是给了他一块糖果，并对他说："这是奖励你的，因为你按时来到这里，而我却迟到了。"

王友接过糖果，但他不明白校长为什么这么说，正在他惊疑之际，陶行知又掏出一块糖果放到他手里，说："这块糖果也是奖励给你的，因为那会儿我制止你打人，你听到我的话就立即住手了，说明你很尊重我，谢谢你。"

说话的逻辑

王友听到校长这么说，更惊讶了。随后，陶行知又掏出第三块糖果塞到王友手里，说："刚才我已经调查过了，你不是无缘无故打人的，那些男同学欺负女同学，被你看到了，你这是见义勇为呀。说明你很正直善良，有跟坏人作斗争的勇气，应该奖励你呀！"

王友感动极了，他流着眼泪后悔地说道："陶……陶校长，你……你打我两下吧！我错了，我砸的不是坏人，而是自己的同学呀！"

这正是陶行知要得到的结果，他满意地笑了，然后，他又拿出第四块糖果递过去，说："知错能改，善莫大焉。我再奖给你一块糖果，不过，这可是我最后一块糖果了，我想我们的谈话也该结束了。"说完，陶行知就走出了校长室。

这就是陶行知与四块糖的故事。这小小的"四块糖"，反映出了陶行知高超的批评艺术。在整个过程中，陶行知自始至终没有直接提及王友的错误，而是将对他的关心、热爱与期望融入宽松和谐、幽默诙谐的情景之中，通过循序渐进、启发诱导、激励表扬，让王友充分认识到自己的错误。整个批评过程自然流畅，水到渠成。陶行知的"四块糖"的确起到了"此时无声胜有声"的批评效果。

第七章
批评的逻辑：批评时要顾及他人心理

💬 **逻辑口才**

　　人们总是喜欢被肯定，没有谁喜欢被批评。而无论我们采用何种批评方法，不要一上来就开始你的"牢骚"，而是要先创造一个尽可能和谐的气氛，这样，也就能达到"忠言顺耳"的目的。

说话的逻辑

自相矛盾，让对方认识到自己的错误

生活中，没有人喜欢被别人批评，直言批评更是让人无法接受。有位心理学家曾说过："批评与被批评的过程是批评者与被批评者在思想、感情上的相互交流与认同的过程。"这种情况下，如果不小心，就可能会使对方很难堪，会破坏交往的气氛和基础，并因此带来一系列严重的后果。那么，究竟如何表达批评才能达到使人进步的目的呢？

高明的说话者并不会直接提出批评，而是运用逻辑语言来引导对方的思维，进而让其自己得出结论。

一天早上，在上班高峰期，一辆公交车上挤满了人。突然，一个急刹车，一个老人一不小心踩了站在旁边的一个姑娘的脚。年轻人脾气大，姑娘立即说了一句："你个老不死的！"

车上的人都怒视着姑娘，也想看看老人要怎么回答。没想到，老人一点儿也没生气，反而笑着说："谢谢！谢谢！"

老先生为什么这么回答？车上的人都十分疑惑。人家骂他"老不死的"，他不但不生气，反而乐着说"谢谢"，想必是老人已经老糊涂了。

第七章
批评的逻辑：批评时要顾及他人心理

此时，就有一人问老先生："人家骂你，你还谢人家，这是为何呢？"

老先生说："她哪里骂我了？她这是祝福我呢。她说，第一我老了，第二我不会死，这不是给我的祝福吗？我不应该感谢她吗？"听到此话，周围的人都笑了起来，而姑娘也惭愧地低下了头。

事实上，老先生的做法是对的，他运用了正话反说的语言暗示法。面对年轻姑娘的无礼，他心中肯定怀有不满，但他没有当即用语言反击，而是采用一种语言转移暗示法，将不利于自己的话转移为有利于自己的话，让姑娘认识到自己的失礼。

你如果是一个深谙批评艺术的人，就要努力去满足他人的这种心理需求。那么，具体来说，我们该如何通过矛盾法达到让对方心知肚明的效果呢？

（1）先肯定

一般来说，没有人喜欢被直接指出错误，批评的副作用也是可想而知的，而相反，人人都爱表扬，但这并不意味着不需要批评。日常生活中，面对他人的缺点、失误以及小错误，我们不妨先采取正面鼓励、肯定和表扬的方式，这样会把对方的错误意识上升到最高点，在后面的批评指正工作中，对方的领悟也就越深。

说话的逻辑

一名小学生天生一副犟脾气。一次课间，因他的同桌同他开了个玩笑，众目睽睽之下，他的自尊心受到了伤害。于是，他恼羞成怒，一把揪住对方扭打起来，嘴里还直喊："今天被狗咬了！今天被狗咬了！"

此时已到上课时间，老师走进教室，看到这"热闹"的一幕，立即叫他们松手再说，但此学生气得额上青筋暴露，脸涨得通红，口中仍在喊个不停。老师灵机一动，接过他的话茬儿说："是呀，你今天是被小狗儿咬了一口，但是，我们只看到过狗咬人，哪有人咬狗的！狗咬了你，你也非要咬狗不可，这不是说明你与狗一般见识了吗？"

几句话，说得全班学生都笑了起来，这名学生也"扑哧"一笑，松了手。

（2）矛盾法得出正确结论

皮埃尔是一位画家，以前卫派自居。

有一次，他在塞纳河畔开了一个画展，把自己的作品都展示出来。有个五十多岁的妇人从旁边走过，见了他的画，说：

"哎哟，这画可真有意思。眼睛朝那边，鼻孔冲向天，嘴是三角形的呢！"

皮埃尔对老妇人说："欢迎你来参观，太太。这就是我描绘的现代美。"

"哦,那太好了。小伙子,你结婚了吗?我把长得和这张画一模一样的女儿嫁给你好吗?"

老妇人的一句问话,使皮埃尔陷入双重标准的窘境。

这种主观世界与客观世界的矛盾,造成一种强烈的反差,形成了一种幽默的氛围。这种方法能制造幽默,因为它们常常把人置于几种不同的环境中,凸显出人类的弱点,令我们惊讶、羞惭、深思,也让我们觉得有趣、可笑、意味深长。

> **逻辑口才**
>
> 批评的目的不在于指责,而在于指正,即要让他人心知肚明,矛盾法引导更能起到效果,更发人深省!

说话的逻辑

反弹琵琶，是一种创新的批评方法

生活中，当他人犯了错误时，我们有必要对其进行批评指正。批评的方式是多样的，但最好委婉地批评。幽默的批评常常能使人在笑的同时深思其内在的含义，领悟其中的道理。但幽默也需要创意，缺少新意的幽默，就如同陈词滥调，不可能长久引起人们的兴趣。所以，喜欢幽默的人要多发掘自己的创造力，从而标新立异、出奇制胜。反弹琵琶正是一种创新的批评方法，不仅能让人在平凡中发现不平凡，有时甚至能化腐朽为神奇。

陈先生去看病，他等了半天也没有等到检查结果，于是，他很生气地对医生说："你们的办事效率也太低了，要是我有疾病的话，估计现在已经进天堂了。"

面对病人的抱怨，医生也很不高兴，就紧皱着眉头说："你暂时还不会去天堂，但你的健康状况糟透了！你的腿里有水、肾里有石头、动脉里有石灰。"

陈先生一脸尴尬，挤出笑容说："医生，如果你现在说我脑袋里有沙子，那么，我明天就可以开始盖房子了。"两人相视而笑。

这则故事中的陈先生是个机智的人,当他发现自己的话可能让医生产生了不愉悦的情绪时,他就借助医生的话开了个玩笑,让彼此心中释然。

因此,你如果想用你的"嘴"说动别人的"腿",就要用合适的批评方式,这样才能起到极佳的效果。当面指责他人,只会造成对方的敌对,而通过反弹琵琶的方式、巧妙地暗示对方注意自己的错误,则会受到爱戴和喜欢。这就是最高明的批评之道。

那么,具体来说,我们该如何在批评中运用反弹琵琶的方法呢?

(1)反向立意

生活中,正向思维常常导致了人们在看待事物时只看到事物的一面,并认为自己看到了全部,而很明显,任何事物都具有两面性。因此,当他们将事物的另一面揭开后,就会与我们事先看到的一面形成反差。

反向立意,就是从人们惯常思维的另一方面出发,往往见人之所未见,发人之所未发,从而形成一种强烈的新奇感,引起人们的兴趣,产生幽默的效果。

吃饭时,丈夫尝了尝汤,问道:"家里还有盐吗?"

说话的逻辑

"当然有，"妻子说，"我这就去给你拿来。"

"不用了，亲爱的，我以为你把所有的盐都放在汤里了呢？"

这句话暗示妻子做的汤太咸，婉转道来，既亲切，又幽默。

（2）正话反说

说反话就是用反语揭示他人的意图，表面上好像是反对自己，其实是反对他人。实际上，反语是反性的偷换概念，也就是偷换概念的过渡或铺垫。其合理性就是利用自然语言中自身包含的歧义，使它过渡为合理化。

（3）反话正说

所谓反语，包括反话正说和正话反说。反话正说，也就是明褒实贬，表面肯定，实质否定。在这种反差中，我们能够感受到幽默。

在日常生活中，我们常常会听到或见到一些反语。人们常关注那些社会上的古怪现象，经过一番整理、罗列，然后任加评点、嬉笑怒骂，皆成幽默。

的确，人的行为一经发生，都希望得到肯定的反应，即便出现某种错误行为，也希望得到人们的理解与同情。从心理学的角度上讲，每个人都不愿意挨批评。所以我们在批评他人的时候，不妨变换一种口吻，以褒代贬，反话正说，通过表面上的肯定达到实质上的否定,既增强了语言的幽默感,又乐于为人所接受,还能收到一般训斥、责骂难以比拟的效果。

> **💬 逻辑口才**
>
> 批评他人的时候,即使庄重严肃的话题也并不一概排除诙谐幽默的语言表达方式。相反,只要运用得巧妙,有时还会获得庄重直言无法实现的效果。

第八章

攻心为上：
劝服的话要符合逻辑才能说到对方心里

在现代社会中，你无论处于什么角色，都需要与他人合作才能达到自己的目标。在很多情况下，如果你需要别人接受自己的想法、观点，与你共同采取一致的行动，那么，这就需要你具备说服他人的本领。说服别人并不是激烈的争辩，也不是在气势上去压倒对方，而是为了消除分歧，寻找共通点。从很大程度上来说，说服的工作其实就是逻辑上的征服。我们不能把自己的意见强加给对方，而是要以对方为中心、晓之以理，动之以情，运用事实、数据、讲道理等适合的方法来进行巧妙的表达和沟通，从而达到你所想要的结果。

说话的逻辑

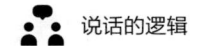

引导对方逐步认同，让说服手到擒来

我们都知道，说服的过程就是不断劝说对方接受我们的想法和观点的过程。然而，我们发现，很多时候，似乎无论我们怎么苦口婆心地劝说，对方总是能找到拒绝的理由，为此，不少人会感到束手无策。其实，这是因为我们给了对方拒绝的机会，而最具说服力的劝服技巧无非是让对方自己承认我们的观点。让对方在拒绝之前先说"是"，并且不断地说"是"，就能有效地将对方的拒绝遏制住。

小李是一家电子产品公司的销售员，为了公司电话软件销售的工作，小李前去拜访了一家科贸公司的总经理。这家公司财大气粗，但在沟通的过程中，科贸公司的经理提出了不同看法：

客户："到现在为止，所有厂商的报价都太高了。"

销售员："所有的报价都太高了？真的是这样吗？"

客户："是的。"

销售员："不过，我想您应该不会反对我与您进一步展开合作吧？"

客户:"反对倒还不至于。"

销售员:"那么,如果有机会再次合作,难道您不觉得我们可以帮助您建立更广泛的客户群吗?"

客户:"嗯,很有可能。"

销售员:"您想,我们平时买质量优质的手机和传真机,都是为了拥有更好的通话质量,对吗?如果我们的产品通过与您的合作被更多人所使用,那么,那些受益者第一个想到的就会是贵公司的名字。"

客户:"嗯,是这么回事儿。"

销售员:"所以您不反对我们通过和您的合作,帮助更多人建立起一套更实用的电话系统,是吗?"

客户:"是。"

很明显,小李与客户实现成交的方式就是通过一步步地反问,然后将主题引到销售上来,让客户一直未能对产品说出一个"不"字。小李这样做的好处是有利于掌握谈话主动权,把控整个销售进程,进而可以让整个销售工作转移到自己所希望的目的上来。

的确,人们对于自己不熟悉的人或事,往往一开始倾向于说"不"。如果我们能巧妙铺垫,慢慢给对方传达自己的想法,让其不断地说"是",对方会更易于接受。

那么,如何让对方在一开始就说"是"呢?

说话的逻辑

（1）关键时刻强势一点儿

如果一味地认同对方，难免有奉承之嫌，也会显出你的软弱。因此，要想真正说服对方，我们最好能在关键时刻强势一点儿，那么，说服对方也并不是不可能。但即便强势，也要保持良好的态度，最好先肯定对方的意见。比如，我们可以这样说：

"说句实话，我从事电脑销售好几年，像您这样如此关心本公司产品性能的客户，我见得不多，像您这样了解本公司产品的客户，更是少之又少，而且，您的建议对我们很有用。正如您所说，我们的产品现在还存在一定的问题，不过，现在它的市场销量很好，说明还是有不少优势的。您看，这是我们去年的销售情况一览表……承蒙您的关照，我们会更注意改进产品的性能。您买了我们的产品，如果在使用的过程中有什么问题，欢迎您继续给我们提出来。"这样说，客户一定能接受。

（2）不给对方否定的机会

让对方在拒绝之前先说"是"，就能有效地将对方的拒绝遏制住，比如，你可以对客户说："先生，您应该知道我们的产品向来都比A公司的产品价位低一些吧？"

当然，我们在让对方肯定接受我们的观点和想法时，最好能有十足的把握，不能让对方抓住漏洞。

第八章
攻心为上：劝服的话要符合逻辑才能说到对方心里

逻辑口才

真正口才好的人在说话中绝不会让自己被对方牵着鼻子走，相反，他们把自己当成谈话的主人，一旦决定自己要的是什么，就表现出一副不可能失败的架势，而他们最终也一定会实现目标。

说话的逻辑

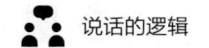

善用数据，让你的话有据可依

生活中，我们在劝说他人的过程中，都希望自己的语言更有说服力，对此，不少人喜欢采用一些华丽的辞藻进行描述，但给人的印象却是华而不实，令人生疑的，因为这些说服的语言毫无根据，完全站不住脚。但如果我们能在语言中加入一些具体的数字，那么，就会提高话语的含金量，让人感到信服。

卡耐基的一次经历，可以说是用数字说话的一个典范。他是这样说服一家旅馆经理打消增加租金的念头的。

卡耐基每季度都要花费1000美元在纽约的某家大旅馆租用大礼堂20个晚上，用以讲授社交训练课程。

有一季度，卡耐基刚开始授课时，忽然接到通知，要求他付比原来多3倍的租金。而这个消息到来以前，入场券已经发出去了，其他准备开课的事宜都已办妥。怎样才能交涉成功呢？经过仔细考虑，两天以后，卡耐基去找经理。

卡耐基对经理说："我接到你的通知时，有点儿震惊。不过，这不怪你。我假如处在你的地位，或许也会写出同样的通知。你是这家旅馆的经理，你的责任是让旅馆尽可能多地

第八章
攻心为上：劝服的话要符合逻辑才能说到对方心里

盈利。你不这么做的话，你的经理职位很难保住，假如你坚持要增加租金，那么，让我们来合计一下这样对你有利还是不利。"

"先讲有利的一面。"卡耐基说，"大礼堂不出租给讲课而是出租给办舞会、晚会，那你可以获大利了。因为举行这类活动的时间不长，每天一次，每次可以付200美元，20晚就是4000美元，租给我，显然你吃大亏了。

"现在，来考虑一下'不利'的一面。首先，你增加我的租金，也是降低了收入，因为实际上等于你把我撵跑了。由于我付不起你所要的租金，我势必要再找别的地方开展课程。

"还有一件对你不利的事实。这个课程将吸引成千的有文化、受过教育的中上层管理人员到你的旅馆来听课，对你来说，这难道不是起了不花钱的广告作用了吗？事实上，你假如花5000美元在报纸上登广告，你也不可能邀请这么多人亲自到你的旅馆来参观，可我的课程给你邀请来了。这难道不合算吗？"讲完后，卡耐基起身告辞，对经理说："请仔细考虑后再答复我。"当然，最后经理做出了让步。

卡耐基之所以获得成功，只是因为他站在经理的角度想问题，把增加租金与保持租金的好处用数字清楚地表达了出来。

为什么数字能提高语言的可信度？从心理学的角度分析，空洞的语言往往表达的是主观的想法，会让听者觉得查无实

说话的逻辑

据，而具体的数字则可以提供难以质疑的具体证据。比如，在向用人单位证明自己的实力时，同简单表示"提高了生产能力"的应聘者相比，一个声称在"7个月内将工厂产量提高156%"的人无疑会令你印象更加深刻。

那么，在说服他人的过程中，我们该怎样运用数据呢？

（1）保证数据的真实性和准确性

我们希望说服他人，就是要让对方产生信任感，但如果数字本身的可信度有问题，比如，数字不准确或者虚假、夸张等，就会与听者间或客户之间产生信任危机。对方一旦发现这些数据本身有问题，就会对你产生质疑，那么，运用数据说服这一心理策略就只能起到反作用了。

（2）仅仅罗列数据是不够的

精确数据的使用，当然会为你的话语增加可信度，但一味地罗列数据，会让对方找不到重点，也会让对方以为你在故作玄虚，而对你产生厌恶感。所以，使用数据时要注意以下几点：

①合适的时机。要想让你的数据说明具有更强劲的说服力，你首先要挑选合适的时机。比如，当对方对你的话语提出质疑时。

②度的把握。销售人员还要注重适度运用精确数据来说明问题，要懂得适可而止，不要随意滥用。

③数据的更新。值得注意的是，很多数据是随着时间和环

第八章
攻心为上：劝服的话要符合逻辑才能说到对方心里

境的改变而不断发生改变的。因此，在使用数据时，要保证它是最新的。

> **逻辑口才**
>
> 列出具体数据是增加话语可信度的重要方法，空有华丽的辞藻是不会吸引人的。记住，要证明你的观点，你就应学会用数据说话。

说话的逻辑

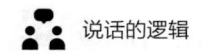

以思维为核心，层层引导对方

生活中，与人谈话，我们若希望达到说服的目的，就不光要有语言的技巧，还要有引导对方思维的能力。一味地说，未必能让对方心服口服，而巧妙引导对方，以思维为核心，经过层层推进，把道理说透，便能让对方接受我们的意见。

莉莉与小齐初中毕业后就一起来到城里的一家餐馆打工，她们关系很好，是无话不谈的朋友。但两人的行事作风却迥然不同。

一次，莉莉在收拾餐桌的时候发现了一部手机，肯定是客人落下的，莉莉早就渴望有一部手机，于是，她想悄悄据为己有。不巧，这一幕被小齐看见了，小齐让她上交，可莉莉说："什么呀，我没拿什么手机啊。"

小齐说："莉莉，你知道什么叫'不劳而获'吗？"

"不知道！"莉莉嘟着嘴回答。

小齐说："你看，'不劳而获'是不经过劳动而占有劳动果实。说得确切点儿是占有别人的劳动果实！"

"我可不懂那么多。"莉莉有点儿不耐烦了。

第八章
攻心为上：劝服的话要符合逻辑才能说到对方心里

小齐耐心地问："你说，抢别人的东西是不是'不劳而获'？"

"是的。"

"你说，偷别人的东西是不是'不劳而获'？"

"当然是。"

"那么，拾到别人的东西据为己有是不是'不劳而获'呢？"

"这，这……当然……"莉莉这时不知道说什么好了，吞吞吐吐地回答着。

看到莉莉已经同意了自己的观点，小齐顺势说："其实，拾到别人的东西据为己有和偷、抢得来的东西在某种程度上是一样的，除了国家法律，我们还应有一定的社会公德。再说，我们来的时候，老板为我们明确了店里的工作守则，其中就有一项：拾到顾客遗失的物品要交还，我们还想在这家店长干下去呢，可不能因为这点儿蝇头小利而丢了工作呀！咱自己想要手机，就要靠自己的能力挣钱买，那样用得才理直气壮！"

最后，莉莉把手机上交了。后来，她还收到了失主热情的感谢。

案例中的小齐就是个会说话的人，她在发现好朋友莉莉准备将捡来的手机据为己有的时候，并没有直接追问，而是采用逻辑引导的方法，让对方承认这是一种错误的行为。小齐先

说话的逻辑

提出一个看似与"捡手机事件"无关的"不劳而获"的意义，让莉莉明白什么是不劳而获，然后逐渐由大及小，步步推进，最后切入实质性问题：拾到东西据为己有，同偷、抢一样都是"不劳而获"。聪明的小齐通过层层引导，让莉莉意识到自己想把手机据为己有的想法是不正确的，并劝说莉莉可以自己通过努力工作去买一部手机。小齐的说服可谓是有理有据，莉莉自然也能接受。

现实生活中，很多人遇到这种情况时，可能会直接站出来质问对方："你怎么偷人家东西呢？"这样说虽然出于好意，但无异于打人脸，对方必定不会接受，甚至还会找借口否认。其实，无论出于什么目的，在沟通时都不能直奔主题，因为那个点恰恰是你们冲突的焦点。如果你直奔主题，告诉对方要诚实，很容易让对方感到难堪，不仅让对方难以接受，还会让对方产生对抗行为，那么，你的劝说工作将会加大难度，甚至根本无法成功。而如果你从侧面引导，一步步转移到你想要了解的关键点上，若是理由充分，别人一般都能接受。

的确，我们可以发现，很多人误认为在说服别人时应毫不让步，让对方毫无拒绝的余地。但事实证明，我们越是想让别人接受我们的意见，越是事与愿违。而假若我们能让对方跟着我们的思维自己得出结论，那么，说服起来就会更容易，这也是说服的最高境界。

诱导式劝服术，就是不直接答复，而是先讲明条件、说明理由，诱使对方得出结论的方法。该方法的特点是"不战而屈人之兵"，让对方自动认同。

那么，我们如何运用这一方法呢？

（1）明确最终的说服目的

我们在说服别人前要明确自己的立场，否则我们的思维很容易被对方掌控，导致中途动摇。

（2）站在对方角度说话，逐步引导

这需要我们运用语言的智慧引导他人进入自己的思维逻辑，于无形之中攻破他人的内心防线。这就等于在两个人的角逐中取得先机，这样就会在不知不觉中减少对方的锐气。

（3）保持轻松的谈话氛围

大部分成功的说服都是在和谐的气氛下进行的。如果我们不注意说话态度，即使是完美无缺的说服策略，也会因对方不愿接受而失败。

逻辑口才

> 高超的说服不是一味地向对方灌输自己的观点，而是"不战而屈人之兵"，通过语言和思维的诱导，让对方在不知不觉中认可我们的观点，接纳我们的想法。

说话的逻辑

和谐讨论更能劝服对方

我们在说服他人的时候，要想成功说服对方，首先必须进入对方的内心世界，如果一开始就针锋相对，对方就会产生逆反心理，我们也很难达到说服的目的。而事实上，人们往往避免不了争论，特别是在聊天的时候，不论大事小事，为了说服对方，都喜欢争辩一番。

从某种意义上说，争论是人的一种天性。因为思想、认识的不同，其中一方为了说服另一方，就会发生争论，而这也正是人们认识的一个误区，他们认为，只有争论才能说服别人。人都喜欢显示自己的聪明，在争论中击败对方，就是一种胜利。而事实上，心理学知识告诉我们，人们更愿意在愉快与和谐的氛围中接受他人的意见，而这也是很多人说服别人时不能成功的一个原因。

比如，在生活中，一位丈夫对不整洁的妻子提出意见说："以后你出门的时候要多注意一下自己的形象，别和乞丐婆似的走在大街上，让人家笑话，也让我难堪。你看看邻居李先生的老婆，哪天不是穿戴得整整齐齐的，你就不会和人家学学吗？"妻子听到这话肯定会感到不高兴的，她非但不会接

第八章
攻心为上：劝服的话要符合逻辑才能说到对方心里

受你的意见，反而还会反唇相讥："学学人家？人家的丈夫可是大公司的老板，你有人家李先生的钱多吗？你要是成了亿万富翁，难道我还不会打扮？"在这个时候，妻子不是不知道自己的缺点，但是丈夫的这种表达方式无疑是在伤害她的自尊，为了捍卫自己的尊严，她也只能这样回击丈夫，结果，丈夫的劝说不仅没有达到预定的效果，反而还会加剧夫妻双方之间的矛盾。

生活中经常可以看到这样的情形，你好心好意向对方提出建议，对方听了却十分不高兴。其实，这并不是说别人不识好歹，而是我们应该对自己的说话方式进行自我检讨。毕竟，光有为他人着想的美好愿望是不够的，最重要是应该选择合适的方式。每一个聪明的人从来不会对别人说"你这样做不对""事情应该是这样的"，那样做只会引起争端，让别人产生敌视的心理。他们总是会选择一种比较巧妙的表达方式，让对方在没有任何思想压力的状态下听取他的意见和建议。

晏子是春秋后期齐国著名的政治家，他不仅在治理国家上有着非凡的能力，同时也是一名出色的口才高手。他每次提出的建议，都能够得到国君的重视和采纳。其中的秘诀就在于，他从来不会直冲冲地将自己的想法强加给国君，而是能通过比较巧妙的方式，让国君对错误的决定有一个清醒的认识，从而主动地去进行改正。

说话的逻辑

有一次，齐景公和晏子聊天，无意间问了一句："您的家离市场这么近，知道现在什么东西最贵，什么东西最贱吗？"

晏子早就对齐景公的滥施酷刑有意见，当齐景公问起这件事的时候，他灵机一动，一本正经地说："启奏君上，现在市场上价格最贵的是假脚，最便宜的是鞋子！"

齐景公一听，感到十分纳闷儿，就说："为什么假脚最贵，鞋子最便宜呢？"

晏子回答说："现在的老百姓，有一些小的过失就会被砍去双脚。现在，临淄大街上有很多这样的人，鞋子对他们来说是没有用的，而假脚却总是供不应求。"

齐景公听了半天说不出话来，最后自言自语地说："是不是现在的刑罚太重了，出现一些小的过失就被砍去双脚实在是太残忍了，这样，老百姓连改过自新的机会都没了……"于是，齐景公立即就发布命令，废除了那些酷刑。

想改变别人的主意绝对不是一件容易的事。假如想让对方接受你的观点和建议，就要在技巧和方法上下功夫，让对方无意中接受你的建议。

当你把自己的意见强加给别人的时候，对方往往会觉得你有一种自以为是的心理，即使你的意见和建议合理合情，也会让别人觉得你是卖弄才能，从而不愿意轻易接受你的想法。遇到这样的情况，你的交际就会不可避免地陷入困难，你的人气

第八章
攻心为上：劝服的话要符合逻辑才能说到对方心里

也会逐渐地下降。这是我们每个人都不愿意看到的现象，所以在日常生活中，我们要多加注意，避免出现这样的悲剧。

💬 逻辑口才

说服别人，是在讨论而非争论。讨论更能让对方信服你的观点；而与对方争论，就会让对方从心理上产生一种敌意，无论你怎样说，对方心底都会有抵触情绪，在这种对抗下，想要说服他人是很难的。

说话的逻辑

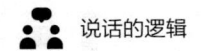

巧妙"威胁",增强说服力

我们每个人都要参与职场工作、商业竞争和人际交往,所以很多时候,我们需要说服对方。为了达到说服目的,我们可能会使出浑身解数,有时却毫无效果,其实,我们如果能主动出击,可能会节省很多时间和精力。"不战而屈人之兵",此乃战争取胜的最高境界。因此,在言语交谈中,你也可以适度强硬一点儿,适度说些"威胁"对方的话,让对方感受到你的强烈意愿,当对方乱了方寸后,你再进一步采取措施,便能很容易达到说服的目的。

其实,历史上有很多人知道用威胁的方法可以增强说服力,并灵活地加以运用,我国历史上著名的"唐雎不辱使命""完璧归赵"等故事便是使用威胁来达到说服目的的。现实生活中,我们也可以使用这一逻辑口才来实现成功说服。

刘星是某公司保健器材的销售人员,他有一名潜在客户杨总。刘星对杨总进行了一番了解后发现,杨总是一个很孝顺的儿子,对母亲的健康很在意,而且只要认准了产品,就不会在

第八章
攻心为上：劝服的话要符合逻辑才能说到对方心里

价格上斤斤计较。

在见到杨总并与之进行了一番交谈，刘星向杨总介绍了保健器材的一些功能和特点。杨总说他目前没有这方面的需要，如果有需要的话，他一定会与刘星联系的。刘星听出杨总是在下逐客令，可是他并没有放弃，又继续说："听说您的母亲就要过七十大寿了，人生七十古来稀呀，不过，以您母亲的身体状况，就是再活70年也没问题呀！"

杨总听了慨叹道："唉，我母亲虽然一直保养得很好，可是毕竟年龄大了，身体一日不如一日了呀，最近就时常闹些小毛病。"

刘星说："其实，老年人身体状况不好，光靠吃药是没用的，关键还是要经常做些有益的活动，这样一来可以增强身体的抵抗力，二来可以使他们在运动的过程中保持良好的心情。"

杨总仍然神色严肃地说："以前，我母亲经常会外出参加一些活动，可是最近，她自己总觉得太累，再说，我也怕她到外边活动出现什么问题不好及时处理。这个问题愁坏我了。"

刘星接着说："我们公司的产品正好可以帮您解决这个难题……"

在说明了使用这种保健器材的一系列好处之后，刘星看到杨总已经有了点儿购买产品的意思，他想现在应该是趁热打铁

说话的逻辑

的时机了。于是，他又说："如果您不能在母亲七十大寿的时候送给她一件有意义的礼物，那她一定会很失望的。而这种保健器材不仅可以让她老人家感受到您的孝心，而且每次看到它时，老人家都会想起自己这个值得纪念的生日。这种保健器材我们销售部只剩下3台了，如果您现在不买下的话，等到您想买的时候恐怕就只能等公司总部发货过来。如果那样的话，您一定会感到遗憾的。"

"好吧，我现在就要货，你先把它送到我的办公室，我想等母亲生日那一天给她一个惊喜。"显而易见，杨总已经迫不及待了。

案例中，销售员刘星就是运用"威胁"的方法直接让对方注意，如果不购买产品会有怎样的后果。他的聪明之处还在于他做了很周全的准备工作，在推销前先对客户进行了一番了解，这样，劝服的时候成功的概率就大了很多。

可见，在说服过程中，当你有十分把握的时候，不妨"威胁"一下对方。这一技巧经常也被运用到销售中，比如，很多商家开展的"限期促销等"活动，除了可以创造一种热闹的销售气氛之外，所谓的"限期"其实都是要客户注意，超过期限就不能享受如此优惠。而消费者也对商家有意无意传递的这种信息心知肚明，所以很多消费者会选择在节假日或企业推出的促销活动期间进行大采购，即使需要排队等待，也乐此不疲。

"威胁"策略应该与正面说服相互结合，否则就会引起对方的不安，从而导致沟通中出现不愉快的局面。因此，我们可以这样"威胁"对方：

（1）正面"提醒"

让对方接受我们的想法或者达到某种目的，并不一定要反复提醒他"如若不……会怎样"，你可以直接告诉他，"如果……你会有什么益处"。但前提是，你必须对对方有很深刻的了解，知其所好，这样才能把"提醒"说到对方的心坎上，同时，要让对方理解我们的出发点是善意的，不然只会适得其反，引起对方的排斥。

（2）反面"提醒"

这种提醒的方式，一般是针对对手而言。也就是说，我们如果希望不去做什么，反而可以利用与之对立的关系尽量建议他去做。左右思量后，对方势必会受到我们的引导。

另外，在具体运用"威胁"时，一定要注意以下几点：

①态度要友善。

没有人喜欢真正被威胁，因此，我们的出发点应该是善意的，态度也应该是友好的，应该是本着为对方着想的原则去说服，这样才能真正达到说服的目的。

②讲清后果，说明道理。

只要你"威胁"的论据充足，让对方看到各种利害关系，那么，他就会产生动摇。

说话的逻辑

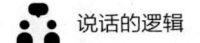

③威胁程度不能过分,否则会弄巧成拙。

逻辑口才

"威胁"的方法可以增强说服力。在说服的过程中,我们首先要摸清对方的底牌,一旦摸清了底牌,就掌握了沟通的主动权。

第八章
攻心为上：劝服的话要符合逻辑才能说到对方心里

摆出事实，让对方心服口服

在我们的生活中，无论是对人也好，对事情也罢，都离不开对真实的追求。"真"是一种精神和境界。如果失去了真，也就不会有善和美。同样，在我们说话的过程中，如果失去了"真"的基础，那么，一切美好的字眼不过都是些漂亮的外壳罢了。而在说服他人的过程中，对事情真实性的要求就更高了，因此我们更要用"真"来表达，换言之，就是用事实说话。

法国著名的军事天才拿破仑就是一位用事实说话的人。在他25岁那年，带领了一支意大利的军队。这支军队的军人没有丝毫的战斗力，由于长期得不到后方的供给，每个人都面黄肌瘦，衣衫褴褛。为了激发将士们的斗志，拿破仑鼓励他们说："兄弟们，现在我们面临的是一个衣不遮体，食不果腹的痛苦局面，为了摆脱目前的困境，我们能依靠的只有我们自己。我一定要把你们带到一个富裕的地方，在我们打退敌人的时候，就可以看到繁华的都市和富饶的乡村……"

在拿破仑的带领下，这支军队很快就占领了富庶的米兰

说话的逻辑

地区，战士们如愿以偿地得到了食物和衣服。为了进攻下一个目标，拿破仑又对他们进行了一番激励，但是这个时候就不能用食物来作为条件了。为此，拿破仑用十分强烈的语气对他们说："我们这支军队是正义的军队，我们中的每一个人不是在为了个人的温饱而打仗，而是为了我们的家乡和人民。我们所做的一切，是在保卫家乡和创造历史。等到我们打胜了这一仗，就可以衣锦还乡了。等到荣归故里的时候，我们的邻居一定会非常高兴地来迎接我们，并指着我们说他曾经服役于那支伟大英勇的意大利军队！"

拿破仑的军队在他的号召之下所向披靡，让敌人闻风丧胆，成为欧洲最具战斗力的军队。拿破仑之所以能够激发起每一个士兵的激情和战斗力，与他能够用事实说话是分不开的。拿破仑如果在面黄肌瘦的士兵面前大讲一些"我们必将战胜反动的欧洲君主"，或者在米兰地区说些"为了牛奶和面包前进"之类的话，恐怕就无法引起士兵的兴趣，更不用说去提升军队的战斗力了。

生活中的无数事实都在证明，好口才并不是谈吐流畅、词汇丰富等外在现象，最重要的评价标准是是否有说服力和可信度。说服力和可信度是相辅相成的，没有可信度的言谈是不会存在说服力的，能够说服别人的语言也必将以可信度为基础。那么，怎样才能够让别人相信我们所说的话，接受我们的意见呢？最重要的一点就是用事实说话。古人所说的"事实胜于雄辩"就是这个道理。

每个人在和别人交往的过程中，都愿意倾听最真实的声音，而最真实的声音源于事实的存在。我们如果一味地去追求口才外在的形式，就难免会舍本逐末。有事实存在的语言才具有可信度，有事实的谈话才会有真正的内容。那些谦逊质朴的态度以及美丽的词汇只是一种修饰，谈话一旦失去事实这一内在的东西，就会成为没有任何意义的表演，就会失去本身的价值。

💬 逻辑口才

> 任何时候，都一定要避免毫无事实证据的论述，在说服他人的过程中，最重要的也是达到让对方信服的目的。若你的言谈没有事实依据，就会加深对方的疑心，更别说成功说服对方了。

第九章

修炼逻辑口才，让说话更贴合人心

我们都知道，好的口才是一种力量，更是一种资产。一个拥有好口才的人，也就拥有了一份独特的魅力，最终也将会形成一种气质和风度。然而，想要更高明地说话，我们还要培养自己的逻辑推理能力，提升自己的口才，这样才能避免出现逻辑语言错误，从而让自己说出的话更值得推敲，从而更能说服别人。

说话的逻辑

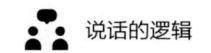

巧用反证法，让谬误不攻自破

反证法（又称归谬法、背理法）是一种论证方式，它首先假设某命题不成立，即假设在原命题的条件下，结论不成立，然后推理出明显矛盾的结果，从而下结论说原假设不成立，使原命题得证。

反证法的证题可以简要概括为"否定→得出矛盾→否定"。即从否定结论开始，得出矛盾，达到新的否定，可以认为反证法的基本思想就是辩证的"否定之否定"。

反证法的证明主要用到"一个命题与其逆否命题同真假"的结论，这个结论可以用穷举法证明：

某命题：若A则B，则此命题有4种情况：

①当A为真，B为真，则A→B为真，¬B→¬A为真；

②当A为真，B为假，则A→B为假，¬B→¬A为假；

③当A为假，B为真，则A→B为真，¬B→¬A为真；

④当A为假，B为假，则A→B为真，¬B→¬A为真。

所以，一个命题与其逆否命题同真假。

同样，为了提高我们的逻辑说话能力，我们有必要在生活中学习运用反证法。

第九章
修炼逻辑口才，让说话更贴合人心

我们先来看下面几则故事：

故事一：

齐景公喜欢射鸟，烛邹负责掌管那些鸟，但鸟跑掉了。景公大怒，诏告官吏杀掉他。晏子说："烛邹的罪有三条，我请求先列出他的罪过再杀掉他。"景公说："可以。"于是，他召来烛邹，并在景公面前列出这些罪过，晏子说："烛邹，你为国君掌管鸟却丢失了，是第一条罪；使我们的国君因为丢鸟的事情而杀人，是第二条罪；让诸侯们知道这件事后，以为我们的国君重视鸟而轻视士人，是第三条罪。"把烛邹的罪状列完了，晏子请示杀了烛邹。景公说："不要杀了，我明白你的指教了。"

故事二：

秦始皇嬴政时期，有一个12岁就被拜为上卿的少年，名叫甘罗。

相传在甘罗七八岁的时候，有一天，他看见当朝为官的外公回家后长吁短叹、闷闷不乐，于是就向外公打听到底发生了什么事。原来，皇上给甘罗的外公出了个难题，让他找一枚公鸡下的蛋。甘罗听后说："这事情好解决，我替你去办。"第二天，甘罗叫外公在家休息，他穿着外公宽大的官服上朝去了。皇上及大臣看到他这身打扮，既感到好笑又觉得好奇。于是问甘罗："你外公怎么不来上朝，他到哪里去了？"甘罗不

说话的逻辑

紧不慢地说:"外公生孩子了。"皇上听了大笑着说:"小家伙骗人也不讲点儿技术含量,男人会生小孩子吗?"甘罗马上接上去说:"既然男人不会生小孩子,那么,公鸡又怎么会下蛋呢?"皇上只好收回了他的难题。

故事三:

有个病人对住院部的护士说:"请把我安排在三等病房,我很穷。""没有人能帮助您吗?""没有,我只有一个姐姐,她是修女,也很穷。"

护士听了生气地说:"修女富得很,因为她和上帝结婚了。""好,您就把我安排在一等病房吧,以后把账单寄给我姐夫就行了。"

故事四:

秦始皇曾经计议要扩大射猎的区域,东到函谷关,西到雍县和陈仓。优旃(zhān)说:"好。多养些禽兽在里面,敌人从东面来侵犯,让麋鹿用角去抵触他们就足以应付了。"秦始皇听了这话,就停止了扩大猎场的计划。

秦二世皇帝即位,又想用漆涂饰城墙。优旃说:"好,皇上即使不讲,我本来也要请您这样做的。漆城墙虽然给百姓带来了愁苦和耗费,可是很美呀!城墙漆得漂漂亮亮的,敌人来了也爬不上来。要想成就这件事,涂漆倒是容易的,但是难办的是要找一所大房子,把漆过的城墙放进去,使它阴干。"二世皇帝听后笑了起来,并取消了这个计划。

第九章
修炼逻辑口才，让说话更贴合人心

故事一中，面对齐景公要杀烛邹这件事，晏子并没有直言反对，而是先向齐景公摆明原因，然后让齐景公自己得出"重视鸟而轻视士人"的结论，从而让其收回成命。

故事二中，聪明的甘罗知道皇帝是在刁难自己的外公，于是，他便利用相同的思维，将"男人不会生孩子"和"公鸡不会下蛋"归谬，让皇帝也收回成命。

故事三中，面对护士让其做修女的姐姐来结账的要求，这名病人顺着其思维进行引导，得出让"上帝结账"的谬论，从而让护士意识到了自己行为的不妥。

故事四中，优旃是个聪明人，对于秦始皇和秦二世的几次修筑计划，他并没有提出反对意见，而是巧妙引导，最终得出射猎区域无法扩大、城墙无法修筑的结论。

> **💬 逻辑口才**
>
> 　　当我们要论证一个论点是错误的时候，可以先假定这个论点是正确的，然后进行合乎逻辑的引申，推出一个非常明显的荒谬结论，这样论点便会不攻自破。

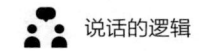

警惕惯性思维，避免想当然

在讨论这个问题之前，我们先来思考一下，假如我们把一个漂亮的鸟笼挂在房间里最显眼的地方，过不了几天，我们一定会选择下面两个做法之一：把鸟笼扔掉，或者买一只鸟回来放在鸟笼里。原因很简单，设想你是这房间的主人，只要有人走进房间，看到鸟笼，就会忍不住问你："鸟呢？是不是死了？"你回答："我从来没有养过鸟。"人们便会问："那你要一个鸟笼干什么？"最后，你不得不在两个选择中二选一，因为这比无休止地解释要容易得多。

为什么会出现这样的现象？因为人们常常采取惯性思维而不是逻辑思维。

那么，什么是惯性思维呢？思维定势（Thinking Set），也称"惯性思维"，是由先前的活动造成的一种对活动特殊的心理准备状态，或活动的倾向性。在环境不变的情况下，思维定势能够使人应用已掌握的方法迅速解决问题。但在情境发生变化时，它就会妨碍人采用新的方法。消极的思维定势是束缚创造性思维的枷锁，看似是在借助于概念、判断、推理，以反映现实的逻辑思维，实际却往往只是习惯性地按照以往的思路来进行思考。

有一个学者给他的学生们讲了一个故事：五金店里来了一个哑巴，他想买一个钉子。他对着服务员左手做拿钉子状，右手做握锤状，用右手锤左手。服务员给了他一把锤子。哑巴摇摇头，用右手指左手。服务员给了他一枚钉子，哑巴很满意，就离开了。这时，五金店又来了一个盲人，他想买一把剪刀。这时，学者就问："这个盲人怎样以最快捷的方式买到剪刀呢？"一个学徒说："他只要用手作剪东西状就可以了。"其他学徒也纷纷表示赞成。学者笑着说："你们都错了，盲人只要开口讲一声就行。"学徒们一想，发现自己的确是错了，因为他们都用了惯性思维思考问题。

惯性思维有时不仅会导致错误判断，更可能导致身处险境却浑然不觉。

有一天，张先生独自在家，突然有人"咚咚咚"地敲门，张先生去开门，发现没有人；过了一会儿，又有人敲门，张先生去开门，发现没有人；再过了一会儿，还是有人敲门，张先生去开门，门口依旧没有人；如此反复了四五次，当再次响起"咚咚咚"的敲门声时，张先生已经上床准备睡觉了，他便没有起来开门，而是自顾自地睡着了。

说话的逻辑

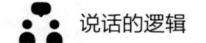

第二天一早，张先生发现房间被偷空了……

故事中的张先生犯的就是惯性思维的错误。同样，我们在说话时如果被惯性思维束缚的话，也会出现逻辑混乱、啼笑皆非的情况。

清朝时期，通山县有个叫谭振兆的人，小时候因为家里比较宽裕，父亲给他定了亲，亲家是同村的乐进士。后来，谭父死了，谭家渐渐衰退，经济条件远不如以前，乐进士便想赖婚。

一天，谭振兆卖菜路过岳父家，就进去拜见岳父。乐进士对他说："我做了两个阄，一个写着'婚'字，另一个写着'罢'字。你拿到'婚'字，我就把女儿嫁给你；拿到'罢'字，咱们就退婚，从此谭乐两家既不沾亲也不带故。不过，两个阄你只看一个就行了。"说完，就把阄摆了出来。谭振兆心想：这两个阄分明都是"罢"字，我不能上他的当。想到这儿，他立刻拿了一个阄吞入腹中，指着另一个对乐进士说："你把那个阄打开看看，如果是'婚'字，我就马上离开这儿，咱们退婚；若是'罢'字，那就说明我吞下的是'婚'字，这门亲事算定了。"乐进士煞费苦心制造的骗局却被谭振兆识破，只好把女儿嫁给谭振兆。

能够把人限制住的只有自己。人的思维是无限的，有亿万种可能的变化。故事中的谭振兆是个聪明人，他一反常规的思维和说话方式，最终让他如愿以偿。

💬 逻辑口才

或许我们正处于看似走投无路的境地，也许我们正囿于一种两难选择之间，但无论怎样，我们一定要明白，这种境遇只是因为我们有一些惯性思维。只要破除惯性思维，我们就能跳出困境，找到出路。

说话的逻辑

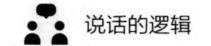

提问和反问，能让听者了解我们的想法和情感

我们都知道，在语言表达上，说话的句式有很多种，但相对来说，提问、反问等比平铺直叙更能产生积极的语言效果。因为如果我们平淡地陈述一件事，那么，其中是没有加入说话者个人情感的，而提问和反问，则表示了自己的疑问和质疑，也更能让听者了解我们的想法和情感。当然，反问和提问在具体的语言运用中是有不同策略的：

（1）反问

所谓"反问"，就是用疑问的语气来表达肯定的意思，答案已寓于问句之中，它比正面发问更有力量。反问还有一个妙用，就是在有些问题不便答复又不便回绝时，可以用反问挡驾。

有一个记者问美国国务卿基辛格："美国有多少导弹在配置分导式多弹头？"基辛格风趣地说："我的苦处是知道数目，但不知道是否保密？"那记者赶紧说："不是保密的。"基辛格就反问说："那你说是多少呢？"

第九章 修炼逻辑口才，让说话更贴合人心

一个反问巧妙地踢回了不便回答的问题。由此可见，善于运用反问，可以使自己的话更有力量。

还有这样一个故事：

有一个地主待长工很刻薄，半夜里就催长工去干活儿。长工说："等我缝完了衣服就去。"地主冷笑说："天这么黑，你怎么看得见缝衣服？"长工立刻反问道："既然天这么黑，又怎么能干活儿呢？"一句反问，驳得地主哑口无言。

一个反问，简明而有力地说明了半夜工作这一要求十分不合理。无论是阐述自己的观点或反驳对方的谬误，都巧妙地运用了反问，效果比陈述句更加强烈。

（2）提问

当然，除了反问这一语言策略外，还有提问。有问，有答；问什么，答什么；怎么问，怎么答，这是提问的一般规律。作为言语策略，提问和答问在言语交际中又不只这么简单，往往变化无穷。

唐庄宗李存勖是一个昏庸无道的君主，他极爱打猎。

有一次，他带领人马杀气腾腾地来到中牟县打猎，中牟县令闻讯赶忙前去迎驾。县令跪在庄宗马前，为民请命，希望在打猎时不要践踏农民的庄稼。庄宗大怒，呵斥县令道："你给

说话的逻辑

我滚开！"

伶官敬新磨见势不妙，便带领他的演唱人员把县令捉至庄宗面前，斥责他说："你身为县令，难道不知道我们的天子爱打猎吗？"

县令低着头说："知道。"伶官道："既然知道，你为何要放纵你的百姓种田来向皇上缴纳赋税？为什么不让你的百姓饿着肚子把田让出来给君王打猎？你说，该当何罪？"说完，便恳请庄宗杀掉县令。其他伶人也一齐唱和道："请君王让我们把他杀掉！"

庄宗听后置之一笑，让大家放了县令，也停下了打猎。

这则故事中的伶官是个聪明的人，面对皇帝即将杀害忠臣良将，他并没有直接阻止，因为这样做只会让自己也招致杀身之祸。所以，他提出问题："你为何要放纵你的百姓种田来向皇上缴纳赋税？为什么不让你的百姓饿着肚子把田让出来给君王打猎？"很明显，这个问题的答案是利于这位县令的，于是，唐庄宗自己得出了正确的结论，放了县令。

> 💬 **逻辑口才**
>
> 与人沟通的过程中，提问和反问能把本来已经确定的思想表现得更加鲜明强烈。它不但比一般陈述句语气更为有力，而且感情色彩更为鲜明，同时，它还能通过

加深的语言的内容和语气,从而增强说话者的气场,最终加深听者对所叙事物的认识,有言简意赅、引人入目的效果。

说话的逻辑

重逻辑推理思维，避免出现前后矛盾

在前面逻辑定律的分析中，我们已经知道了，在说话时，无论是发话者还是听话者，都要有明确的概念，否则容易出现前后矛盾，而使得谈话无法顺利进行。然而，我们发现，不少人在说话时还是会犯这样的逻辑错误。要避免出现这样的情况，我们首先应该搞清楚为何会出现语言中的矛盾对立。很明显，从语言方面看，在遣词造句时，常把反义词同时赋予同一主语，这样就会发生文字上的矛盾。这种文字上的矛盾也必然会导致思想上的逻辑矛盾。

另外，我们发现，在对话中，交谈双方从各自的角度说话也容易出现对立，比如下面这一故事：

晏子是春秋后期一位重要的政治家、思想家、外交家，晏子个子不高，其貌不扬，但颇具智慧。

景公时，有三个勇士，分别叫公孙捷、田开疆、古冶子。他们都为齐国立下了很大的功劳，所以并不把晏子放在眼里。为此，晏子对齐景公说："我听说，贤明的君主收养的有勇力的武士，对上讲究君臣的礼仪，对下讲究长幼的人伦道理，对

第九章
修炼逻辑口才，让说话更贴合人心

内可以防止强暴，对外可以威慑敌国，君主得益于他们的功劳，百姓佩服他们的英勇，所以使他们地位尊贵，俸禄优厚。现在，君主所养的勇士，对上没有君臣的礼仪，对下不讲长幼的人伦道理，对内不能够禁止强暴，对外不能够威服敌国，这三个人是危害国家的祸害呀，不如除掉他们。"景公说："这三个人武艺高强，要擒擒不了，要刺刺不中，如何是好？"晏子说："这三个人都是凭自己的力量攻击强敌的，不懂长幼的礼仪。"于是请求景公派人给他们三人送去两个桃子，让他们论功而食。景公按晏子说的，给三人送去了两个桃子。

公孙捷仰天长叹道："晏子真是个聪明的人！他让景公用这种办法来比量我们的功劳大小。不接受桃子是没有勇气，接受吧，人多桃少，我何不说说自己的功劳来吃桃子呢？我曾有一次空手击杀一头大野猪，一次徒手打死一只母老虎，像我这样的功劳，完全可以独吃一个桃子了。"说完拿过桃子站了起来。

田开疆说："我手持武器曾两次打败敌人三军，像我这样的功劳，也可以独吃一个桃子。"说完也拿过桃子站了起来。

古冶子说："我曾随从国君渡黄河，一头大鼋叼走左骖潜入砥柱山下的激流中。我一头潜入水底，逆水潜行百步，又顺流而行九里，最终捉住大鼋，把它杀死了。我左手握住马的尾巴，右手提着鼋头，像鹤一样跃出水面，船夫们都说：这是河神！像这样的功劳，也可以独吃一个桃子吧。二位何不把桃

说话的逻辑

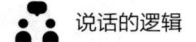

子还回来。"说着，古冶子抽出宝剑就站立起来。公孙捷、田开疆齐道："我们的功劳不及您，拿走桃子而不谦让，这是贪心；既然这样而又不敢一死，这是没有勇气。"说完，二人都还回手中的桃子，自刎而死。古冶子说："二位都死了，我独自活着，这是不仁；拿话羞辱别人，而夸耀自己的功劳，这是不义，行为违背了仁义，不死，就是怕死鬼。"说完也把桃子交了回来，自刎而死。

我们不得不佩服晏子的智慧，因为他利用了三人相互制衡的关系，只要抓住他们的矛盾点，就很容易攻破，故而采用二桃来离间他们之间的关系。

当然，在生活中，要想避免这样的矛盾，就要懂得从他人的角度说话，真正为他人考虑。尤其是在一些紧密的合作中，一定是需要有人做出牺牲的，这就需要我们放下暂时的利益争端，凡事让一步。

逻辑口才

无论在任何形式的谈话中，我们都要注重自己语言的表达，一方面要注重逻辑推理，避免出现前后矛盾；另一方面也要注重从对方的角度说话，学会妥协和退让。斤斤计较、太过精明，最终是无法获得人际合作的。

第九章
修炼逻辑口才，让说话更贴合人心

将问题分解，详细阐述自己的观点

生活中，人们常说"物以类聚"，能聚就能分，很多事物我们同样能够加以分解。逻辑上也是如此，我们可以将大类分为若干小类。

在辩论和交谈中，我们经常会谈及一些事物，假如我们对事物的类属关系分辨不清，就会造成概念不清晰，还会造成混乱。

为此，在谈话中，无论是提问者还是应答者，你都要学会将问题分解，将大类分成小类。我们先来看下面的故事：

齐宣王问有关卿大夫的事。

孟子说："大王问的哪一类公卿？"

齐宣王说："卿大夫还有不同吗？"

孟子说："有不同。有王室同宗族的，还有异姓的卿大夫。"

齐宣王说："那我请问王室同宗族的公卿该如何。"

孟子说："君王有过失就劝谏；反复劝谏还不听从，他们便改立他王。"

宣王听了勃然变色。

说话的逻辑

孟子说："大王不要怪罪。您问我，我不敢不说真话。"

稍许，宣王脸色正常了，又问非王族的异姓卿大夫。

孟子说："君王有过错，他们便加以劝谏；反复劝谏还不听，他们便辞职离开。"

这段对话中，齐宣王所说的"卿"概念比较笼统，所以孟子无法笼统地给出答案，所以才对"卿"进行了划分："有王室同宗族的，还有异姓的卿大夫"，以明确"卿"这个概念，便于阐述自己观点。

在晏子使楚的故事中，晏子与楚王有这样一段对话：

晏子出使楚国。楚人知道晏子身材矮小，便在大门的旁边开了一个小门请晏子进去。晏子不进去，说："出使到狗国的人才从狗洞进去，现在我出使到楚国来，不应该从这个洞进去。"于是，迎接宾客的人带晏子改从大门进去。晏子拜见楚王。

楚王说："齐国难道没有人了吗？怎么派你来呢。"

晏子严肃地回答说："齐国的都城临淄有七千五百户人家，人们一起张开袖子，天就阴暗下来；一起挥洒汗水，就会汇成大雨；街上行人肩膀靠着肩膀，脚尖碰脚后跟，怎么能说没有人呢？"

楚王说："既然这样，那为什么会打发你来呢？"

第九章
修炼逻辑口才，让说话更贴合人心

晏子回答说："齐国派遣使臣，要根据不同的对象。贤能的人被派遣出使到贤能的国王那里去，不贤能的人被派遣出使到不贤能的国王那里去。我晏婴是最没有才能的人，所以当然出使到楚国来了。"

对于楚王的"攻击"，晏子将齐国的使者分为了"贤能的人"和"没有才能的人"，这样，在受辱的情况下，他对楚王进行了巧妙的回击。

逻辑口才

谈话中，任何情况下我们都要明确概念，而对于提问者和应答者双方来讲，说话时都有可能出现一些大的概念。此时，我们要进行分解，以便更清晰地阐明观点。

说话的逻辑

强盗逻辑是如何强词夺理的

在与人沟通的过程中，有这样一些人，我们无论怎么讲道理、摆事实，都无法改变他们的想法和观点，其实，这类人就是运用了"强盗逻辑"。所谓强盗逻辑，是指逻辑上根本讲不通，强词夺理的思维方式。

比如，我们会听到一些上司对下属说："你若不想被解雇，就必须认同公司的制度。"这就是典型的强盗逻辑，以工作机会强迫员工认同制度，而不是员工依据制度好坏来决定认同与否。

又如，有的父母对孩子说："你不听话，我就把你关起来。"这也是强盗逻辑，为了让孩子听话，以孩子的自由相威胁，这是极不可取的。

关于强盗逻辑，以下的文章作了具体解释：

据说，天地间有这样的逻辑：

"只因为你们的土地太广阔了，所以我们要来占领、居住。土地是人类共同的财产，不能让你们独占。"

"只因为你们的江河太多太长了，所以我们的轮船要来自由航行。江河是人类共同拥有的财产，不能让你们独自占有。"

"只因为你们的矿产太丰富了，所以我们要来开采、运走。矿产是大自然赋予人类共同拥有的财产，你们不能独自占有。"

"只因为你们的人民太多了，不利于资源平均分配，所以要分一部分去替我们劳役。"

"只因为你们的文物古董太有价值了，我们要把你们的文化传播到更远的地方，所以我们要带走一部分。"

"……"

"我们并不愿意这样做，但这是我们的责任，神圣的责任，我们承担着维护世界和平的使命！"

这就是典型的"强盗逻辑"。"强盗逻辑"是"左之右之，无不宜之"的。面对强盗逻辑，我们不必多费口舌，因为就算再有道理，也拗不过强盗逻辑。

💬 逻辑口才

生活中，我们总会遇到一些强词夺理、不讲道理的人，他们总是试图以强盗逻辑来压倒我们，面对这样的人，我们尽量不与之交涉，也无须多费唇舌。